LE DIRECTEUR GENERAL
DES FORTIFICATIONS
par Mr. de Vaub
D. Blois f.

LE DIRECTEUR GENERAL DES FORTIFICATIONS

PAR

MONSIEUR DE VAUBAN,

Ingenieur General de France, &c.

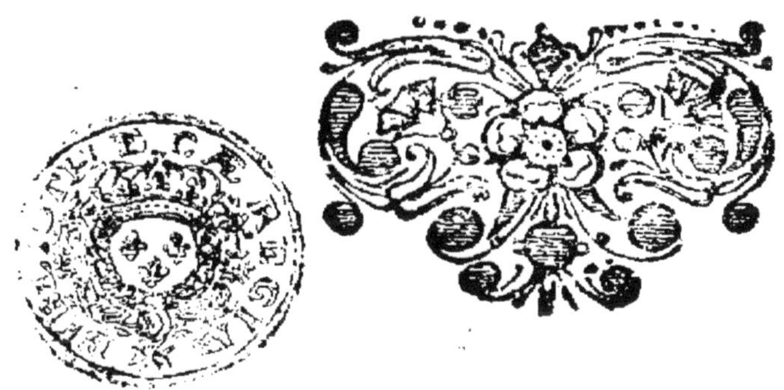

A LA HAYE,

Chez HENRI van BULDEREN,

Marchand Libraire, in de Pooten,

à l'Enſeigne de Mezeray,

M. DC. LXXXV.

A

Son Altesse Serenissime

MONSEIGNEUR

LE

PRINCE D'ORANGE.

ONSEIGNEUR,

Ce petit Traité, que je prens la liberté d'offrir à Vôtre Altesse Serenissi-

me a voulu paroître il y a quelque temps dans une ville voiſine de cét Etat; mais le grand credit de l'Auteur ſans la permiſſion duquel il pretendoit ſe produire en public, ou plûtôt la crainte que l'on conçût que les étrangers en profitaſſent, l'a fait incon-

tinent

tinent diſparoître. Si bien MONSEIGNEUR *qu'il a êté obligé de chercher ailleurs que dans ſa patrie la liberté de ſe faire voir. Comme c'eſt le ſeul hazard qui l'a fait aborder dans ces Provinces & qui me l'a remis, j'ai crû* MONSEIGNEUR *qu'il lui faloit donner un*

Protecteur, & je n'en ai pû trouver de plus puissant que V. A. S. qui est l'ame de cét Etat & qui seule est capable de lui donner le poids requis pour en faire tirer tout le profit que l'on peut s'en promettre. Il n'est pas necessaire, MONSEIGNEUR, que je fasse un grand discours pour disposer V. A. S. a faire un favorable accueil à cét Echappé, qui ne cherche la liberté que pour se rendre utile au Public : puis-qu'il est l'ouvrage d'un homme éclairé, & qu'en l'offrant à V. A. S. je ne me suis *proposé d'autre but que de faire voir que je suis avec un très profond respect*

MONSEIGNEUR,

De V. A. S.

Le tres-humble & tres-obeïssant Serviteur

HENRI van BULDEREN.

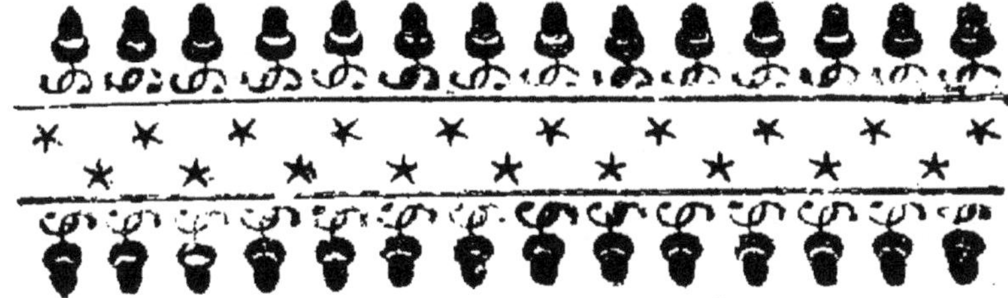

AU LECTEUR.

LEs changemens frequens des Intendans ou Directeurs des Fortifications, les Ingenieurs qu'on a perdu dans cette derniere guerre, ceux qu'on a tiré des places où l'on fortifioit, pour servir à l'armée, & les remplacemens qu'on en a fait de nouveaux, ayant interrompu & en partie alteré

l'ordre que l'on avoit établi cidevant dans les ouvrages, l'on a crû qu'il ſeroit avantageux au ſervice des Princes, & commode à ceux qui ſont chargés des Fortifications de leurs places, de prevenir la confuſion que ces changemens y pourroient introduire dans la ſuite, par quelque reglement qui en redreſſat la conduite, & la remit dans un ordre plus regulier, qui pût être obſervé dans tous les lieux que l'on fortifie, & où ceux qui y ſeront emploïés puiſſent trouver quelque lumiere pour leur en faciliter la direction. C'eſt ce que l'on s'eſt propoſé de faire par cette inſtruction, où chacun des principaux pourra diſcerner aſſez pre-

preciſément ce qui ſera du dû de ſa charge, & aura beaucoup de facilité à ſe former une veritable idée de la conduite qu'il y devra tenir; on y a joint quelque eſpece de formulaire pour ſervir à ceux qui feront les toiſés, les devis, les eſtimations, & les projets de depence, & quelques avis generaux qui ne ſeront peut-être pas inutils; l'on y a ajoûté de plus ce que l'on a crû pouvoir éclaircir du detail des grands ouvrages, & les tirer du cahos & de la confuſion ſi prejudiciables dans la fortification, où la conduite embaraſſée, que l'on y tient donne ſouvent lieu à une infinité de folles dépences, & quelquefois à de grandes friponneries;

neries ; finalement on y a mis ce qui peut instruire ceux qui ne sont pas bien accoûtumés à l'ordre qu'il faut tenir dans le detail des grands travaux, & le tout pour insinuer une conduite plus reglée, dans laquelle les Princes & leurs Ministres puissent voir clairement en tout temps ; c'est le but de cet ouvrage, qui ayant été fait pour l'instruction des gens nouvellement employés dans les Fortifications, & qui n'ont pas encore toutes les lumieres requises à s'en pouvoir bien aquitter, nous les prions de le recevoir en bonne part, & d'excuser les fautes qu'ils y trouveront.

LE

LE DIRECTEUR DES FORTIFICATIONS.

LES Fortifications des Places ſont de grands ouvrages, dont la conſtructi-on qui eſt de longue durée à cauſe de leurs grandeur & ſo-lidité demande des ſoins infi-nis, un activité perpetuelle, une grande conduite, beau-coup d'experience & du bon ſens

ſens, dans tous les ouvrages de terre, de bois, & de pierre, avec une parfaite intelligence de la capacité des ouvriers, de toutes les differentes eſpeces de materiaux & de leur prix.

Ces qualités ſont ſi neceſſaires dans la conduite des grands ouvrages, que par tout où elles ſe trouvent défaillir, on peut s'aſſûrer que le moindre mal qui en puiſſe arriver ſera un retardement conſiderable; une longue & ennuïeuſe conſtruction, quantité de malfaçons, & toûjours beaucoup de dépence ſuperfluë, accidens à jamais inſeparables de la mediocre intelligence de ceux qui en ſeront chargés.

Or

Or il eſt des fautes des Fortifications comme de celles de la guerre, ſoit qu'on les conſidere par le deſſein, par le retardement, ou par la dépence, elles ſont toûjours pernicieuſes; car ſi par le deſſein, on y peut introduire ou laiſſer tel défaut, qui pourra cauſer la perte de la place, le retardement qui vient, faute d'avoir bien pris ſes meſures dans le commencement ou par le défaut des fonds en temps & lieu, ou par les malfaçons, negligences ou défection d'un ouvrage mal conſtruit, peut cauſer le même inconvenient, & un remuement de terre mal entendu, le peu de connoiſſance de la maſſonnerie, le défaut

faut d'intelligence dans le toiſé joints aux remuemens mal concertés des materiaux & mille autres petites fautes & negligences dans lesquelles on tombe tous les jours, ne manquent jamais de grossir les dépences, qui s'augmentent quelque-fois, d'un quart ou d'un tiers, & bien ſouvent de moitié plus que la juſte valeur des ouvrages, défauts d'autant plus conſiderables, que les Souverains aux dépens de qui ils ſe commettent, payent toûjours contant & bien cher, des manquemens que bien ſouvent ils ne font pas, & que perſonne ne peut reparer qu'eux; ce ſont auſſi ces mêmes défauts qui

qui font que la dépence des ouvrages ſurpaſſe toûjours leur eſtimation, & qu'il eſt ſi dificile de faire convenir l'un avec l'autre, que l'on peut dire que jamais l'on n'y arrive, bien que la choſe pour être mal-aiſée de ſoi n'eſt pas impoſſible.

C'eſt donc une neceſſité indiſpenſable aux Souverains qui font fortifier leurs Places, d'en commettre le ſoin à des perſonnes fidéles, d'une probité éprouvée, & très intelligentes, qui ſoïent non ſeulement capables de leur propoſer de bons deſſeins, mais encore de les faire executer avec toute la conduite & l'adreſſe, que l'experien-

ce

ce la plus consommée peu
inventer, à faute de quoi
leur est infaillible de tombe
dans la plus grande partie de
défauts que nous venons d
nommer, vû même que le
plus habiles ont assez de pein
à s'en pouvoir garentir, rie
n'étant plus commun que d
manquer dans une chose o
dans l'autre, pour peu de re
lache qu'il y ait dans la con
duite.

Il est de plus necessaire d'é
tablir un ordre uniforme dan
toutes les places que l'on for
tifiera, qui instruise & en se
pare les fonctions de ceux qu
en sont chargés, & qui en
regle & en distribue les em
plois selon la necessité des ou
vra

vrages, & la capacité d'un chacun, afin de n'y employer que les gens utiles & necessaires, & de ne charger personne de ce qu'il ne sait pas, ni de plus qu'il ne peut faire, ce défaut où l'on ne prend pas garde, étant ordinairement l'origine & la source de tous les desordres dans la conduite des fortifications.

Pour parvenir à l'établissement de cét ordre, il est necessaire d'entrer dans le detail des principaux emplois, & d'en donner une idée, qui fasse connoître à ceux qui en sont pourvûs, quel doit être le dû de leur charge, & jusqu'où peut s'étendre leur fonction.

Les

Les Fortifications des Places êtans des ouvrages Ro-
yaux bâtis pour la défenc
des Etats, il est indubitable que les premiers Offi-
ciers qui en doivent prendre le soin sont les Souverains eux-mêmes, comm
ceux qui y sont les plus in-
teressés, & leurs princi-
paux Ministres, & sous eu
les Intendans & Ingenieur
doivent diriger le detail de
ouvrages jusqu'à leur entier
perfection.

Dans les grands Etats qu
ont beaucoup de Places, i
y a ordinairement une espece d'Officier General, qui en
a les premiers & principau
soins sous les Ministres, c'est

c

ce que nous appellons en France Intendant ou Commiſſaire General des Fortifications ; cette derniere avoit êté créée pour ſuppléer au défaut de l'autre. Preſentement ces deux charges ſont en repos & ne ſont point exercées, le detail des Fortifications êtant devenu ſi conſiderable depuis quelque temps, que les Miniſtres n'ont pas crû ſe faire tort d'en prendre ſoin eux-mêmes, chacun dans ſon departement les faiſant conduire par les Intendans des Provinces, & par les Ingenieurs particuliers ; auxquels on a ajoûté une eſpece de Directeur General, dont la fonction

est

est à peu près reduite à ce que nous allons dire ci-après.

L

LE DIRECTEUR GENERAL.

C'EST ordinairement celui qui par ordre de Sa Majeſté, ou de ſes Miniſtres, dreſſe le premier plan d'une Fortification reſolüe; il doit rendre raiſon de ce qu'il propoſe, en faire voir la conſequence, & en prouver le merite, par un diſcours demonſtratif & ſuccint, auquel il n'y ait rien à repliquer, ſi c'eſt un nouveau deſſein. Que s'il s'agit de meliorer une place deſia fortifiée, ou d'y adjouter quelque ouvrage considerable, il en doit exposer le veritable état, & faire voir clairement ses bonnes & mauvaises qualitez, & la necessité d'y remedier; proposant après ce qui peut augmenter les bonnes & corriger les mauvaises. Après cela il en instruira la construction, piece par piece, en termes intelligibles : s'aidant pour cet effet de chiffres ou de lettres alphabetiques, pour marquer les renvois aux plans, profils, & figures particulieres qu'il en aura fait, afin de faciliter l'intelligence de sa proposition. En suite il est necessaire qu'il fasse une estimation abregée des depences de tous les ouvrages qu'il propose,

poſe, approchant la verité le plus qu'il lui ſera poſſible.

De cet abbregé il en tirera un autre, contenant la diviſion, article par article, de ceux qu'on pourra faire chaque année, donnant toute la premiere aux preparatifs, ſi c'eſt quelque grand projet; la ſeconde aux ouvrages plus importants, & la troiſieme à ceux qui ſuivent de plus près: & ainſi des autres, commençant toûjours par ceux qui peuvent le plûtôt mettre la place en deffence.

Le prix de chaque ouvrage, ſera toûjours mis à la fin de chaque article, & la ſomme totale de ceux qui ſont propoſez pour toute une année, au bas de ſa diviſion.

De cette façon le Miniſtre, qui aura le departement des Fortifications, ſe formera une idée parfaite du projet, & aura beaucoup plus de facilité à fixer les reſolutions ſur les moyens à tenir pour ſon execution.

Après cela, s'il y a quelque particularité recommandable dans les Fortifications qu'il propoſe, il en pourra expliquer les proprietez, par un petit raiſonnement à la fin de ſon inſtruction, qui aura toûjours ſes renvois au plan, pour plus grand éclairciſſement : il ſera tres à propos de le bien particulariſer, & même de lui donner toute l'étenduë qu'elles peuvent avoir, parce qu'el-

les

les expliquent l'usage qu'on en peut faire dans un siege, & decouvrent des qualitéz dont, peut être, ceux qui auront à les deffendre ne s'appercevroient pas.

Quand il aura achevé la proposition de son projet, & qu'il en aura mis l'instruction par ordre, il en envoyera les plans & memoires au Ministre ou Secretaire d'Etat, qui aura le departement de la fortification, afin d'avoir l'agrément de sa Majesté, & en laissera des copies entre les mains de l'Intendant & de l'Ingenieur de la place, pour s'en aider dans l'execution; mais on ne fera point faire de dépence sur son projet, n'y commencer au-

aucun ouvrage, qu'il n'ait reçeu réponce du Miniſtre, ſur l'approbation ou reforme de ce qu'il aura propoſé.

Comme cet emploi ſuppoſe un officier tres experimenté, entendant bien la guerre, & toûjours l'un des plus anciens Ingenieurs ; il eſt à ſuppoſer auſſi qu'il doit bien connoître ceux des autres Ingenieurs qui ſeront les plus propres à l'execution de ſon deſſein : c'eſt pourquoi il les propoſera au Miniſtre, en même tems qu'il lui envoiera ſon projet, auſſi bien que les Ingenieurs en ſecond, & les maiſtres ouvriers, & conducteurs, qui ont quelque capacité particuliere, les frequentes visites qu'il est obligé de faire par les Places du Royaume, lui donnant occasion de connoître particulierement ceux qui ont quelque talent propre pour l'execution des ouvrages qu'il aura proposés : joint que le droit de superiorité qu'il doit avoir sur eux, donne naturellement cette prerogative. Par la même raison c'est lui qui doit reigler les appointemens des uns & des autres, ou du moins les proposer au Ministre, pour en ordonner puis après, comme il le jugera à propos.

C'est aussi lui qui doit faire les devis des principaux ouvrages ; en donner les plans & profils particuliers, & assister aux marchéz si bon lui semble, où il aura droit de conclurre, signer, appouver, casser, ou ratifier, quand il sera present sur les lieux, & suivant qu'il le trouvera juste, ou plus ou moins avantageux au service du Roi.

Quand l'embarras des affaires ne lui laissera pas le tems de pouvoir dresser les devis lui même, l'Ingenieur particulier de la place le fera, & lui en envoiera des copies, ou il corrigera, & eclaircira ce qu'il trouvera en avoir besoin: en suitte le lui renvoyera, pour en passer le marché conformement à leur contenu; mais s'il est à une distance si eloignée, que les ouvrages pourroient être

être conſiderablement retardez, par l'attente de ſes réponſes, l'Intendant & l'Ingenieur pourront en paſſer le marché, ſauf à lui de les revoir à ſon premier paſſage, & d'y corriger ce qu'il jugera neceſſaire.

En viſitant les places, les Ingenieurs & autres gens employés, lui rendront conte de ce qu'ils auront fait, comme auſſi des marchez, toiſez, & receptions d'ouvrages faits en ſon abſence, & de ce que chacun d'eux eſt obligé de faire en ſon particulier: en ſuitte de quoi il reviſitera ce qui en aura beſoin; donnant toûjours advis au Miniſtre des changements qu'il trouvera à propos d'y faire.

L'Ingenieur de la place lui fera voir aussi l'état des Fortifications de l'année courante, & les termes ou l'on en sera; & le Tresorier des Fortifications les despences qu'il aura faites, & les fonds des moyens qui lui resteront pour achever les ouvrages, dont il donnera avis au Ministre, tant pour lui confirmer la connoissance de l'état des travaux que pour lui faire connoître celui des fonds; la conduitte qu'on y tient, & lui en demander de nouveaux, s'il en est besoin.

Il visitera tous les ans les places fortifiées ou l'on fera de grands ouvrages; du moins celles qui auront le plus de besoin de sa présence, ou il fera autant de ſejour qu'il ſera neceſſaire, pour y prendre connoiſſance de l'état de leurs Fortifications, & y donner ſes ordres, tous les ans. Sur l'entrée de l'hyver il ira à Paris, pour ſe trouver au rendez-vous qui ſera donné aux Ingenieurs., afin d'examiner les depenſes qui auront êté faites à chaque place; voit l'êtat ou ſeront les ouvrages de l'année courante, & travailler à dreſſer celui de la prochaine: enſuitte dequoi on portera le tout au Miniſtre qui en reiglera les fonds, ſuivant les ordres qu'il en recevra de ſa Majeſté.

Au reſte, cet officier releve immediatement du Roi & de ſes Miniſtres, auſquels il rend directement conte de ce qui ſe paſſe dans ſon emploi & non à d'autres, pour des raiſons qu'il eſt facile de s'imaginer.

L'IN-

L'INTENDANT DES FORTIFICATIONS.

IL est tres à propos que les Intendants de Fortifications le ſoyent auſſi de Police, de Juſtice, & de Finances; parce que l'union de ces charges, leur donne l'authorité, le credit, & les moyens de pourvoir à quantité de beſoins preſſants, qui ſurviennent ſouvent dans les ouvrages dont le retardement pourroit être prejudiciable, s'il n'y étoit pourveu ſur le champ & que l'on fût reduit à attendre les ordres de la Cour.

Sa fonction plus naturelle dans les Fortifications, est de faire priser les dédommagements, de ceux à qui on prend les Heritages: de proteger les Entrepreneurs contre les vexations des particuliers: leur faciliter les moyens d'avoir les materiaux, & faire servir le peuple au besoin des ouvrages, lors qu'il est necessaire de faire tirer des chariots du pais, ou des courvées, ou quelques materiaux, comme palissades, bois, fascines, &c; c'est lui qui au nom du Roi doit conclurre tous les marchez des ouvrages; recevoir les toisez, &

ordonner des payements de quelque nature qu'ils puiſſent étre & même de ceux des Ingenieurs, Conducteurs, & autres gens emploiez aux Fortifications; mais il ne doit ordonner du payement des ouvrages que ſur le certificat de l'Ingenieur, qui à raiſon de ſon emploi & de ſa preſence perpetuelle ſur le travail, doit être mieux informé de ces details & des affaires des Entrepreneurs que nul autre.

C'eſt à lui qu'appartient la connoiſſance de tous les differents, qui ſurviennent dans les travaux, & qui doit ordonner des chaſtimens de ceux qui s'ecartent de leur devoir, ou

qui

qui tombent dans quelque friponnerie.

L'Ingenieur de la place doit lui rendre conte de l'état des ouvrages, & en conferer avec lui tres souvent, afin qu'il ait le tems de pourvoir aux besoins qui pourroient y survenir..

Le Directeur General doit aussi en conferer àvec lui, & lui donner une connoissance entiere de son dessein ; & ces trois personnes doivent toûjours agir de concert en ce qui regarde la Fortification, dont L'Intendant doit être informé à fonds. Au reste, cet Officier repond directement au Ministre, à qui il rend conte immediatement du devoir de sa charge.

LES FONCTIONS DE L'INGENIEUR,

De la Place ou de la Province.

SOn emploi ſera le plus difficile de tous, parce qu'il eſt d'un grand détail, & qu'il demande beaucoup de ſoins : comme il doit être continuellement ſur les travaux, il en doit auſſi avoir plus de connoiſſance que les autres, c'eſt pourquoi il eſt juſte qu'il ait part dans toutes les deliberations qui ſe prennent

nent, & que ses avis y soyent considerez.

Il doit rendre conte des Fortifications à l'Intendant, & au Directeur General, à qui il doit obeir, comme à son superieur, & les ordres duquel il doit executer positivement, & sans restriction, si le Ministre n'en à ordonné autrement: ce qui ne doit jamais arriver, a moins que l'autre ne soit absent, en quelque pais éloigné, ou arrêté par quelque maladie qui l'empeche d'agir.

Il informera le Gouverneur de la Place, de l'état des ouvrages, du tems de leur durée, de la dépence & de l'usage de chaque piece, & des raisons que l'on a eu pour les faire

faire plûtôt d'une façon que d'une autre, afin qu'il soit informé de ce qui se passe, & de ce que l'on y fait; joint que ces conferences serviront beaucoup à ceux qui n'en sont pas suffisamment informéz, ou qui pourroient ne pas concevoir à fonds, le dessein de la Fortification qu'on y fera.

Les Ingenieurs en second doivent lui obëir comme ses Lieutenants, & tous les Architectes, Appareilleurs, Conducteurs, & autres gens employéz à la Fortification, sans exception d'aucun: de même tous les ouvriers de qu'elle qualité qu'ils puissent être, lesquels il aura droit de reprendre, chatier à la main, & faire

faire mettre en priſon quand ils manqueront, s'en êtant auparavant expliqué une fois pour toutes avec le Gouverneur, & L'Intendant, qui en cela lui donneront main forte, & l'authoriſeront autant que beſoin ſera.

C'eſt lui qui tracera le deſſein reſolu par le Directeur General, & qui fera le profil particulier, & le devis que le Directeur n'aura pas fait.

Il aſſiſtera de plus à tous les marchéz, y ſignant comme Ingenieur : fera les eſtimations de tous les ouvrages, & controllera tous les toiſés & payements qui ſe feront.

A l'egard des travaux; voicy la conduitte qu'il y devra tenir.

Il

Il fera tous les ans un Livre, ou chaque article de l'état des ouvrages ordonnez pour la même année aura sa feuille en particulier, dans laquelle tous les payements de la dépence seront raportés en gros & en detail, depuis le commencement de son execution jusques à sa fin, & ce suivant & conformement aux marchés qui en auront êté faits, & aux contes & toisés qui seront arretéz de tems en tems avec les entrepreneurs, moyennant quoi il lui sera aisé en quelque tems que ce soit, & mêmes en peu d'heures, de faire voir l'état de tous les ouvrages, dont on pourra tirer les connoissances necessaires pour

pour le tems de leur durée, & les moyens de les pouvoir achever.

Les Entrepreneurs n'en commenceront aucun, en gros ni en detail, qu'on ne leur en ait auparavant donné la figure, & l'étenduë au juste: marqué toutes les hauteurs & profondeurs, & fait un toisé general, du contenu duquel on leur donnera copie, qu'ils signeront. Et apres qu'ils auront achevé, ils seront mesurez pour la seconde fois; & si la quantité qu'on aura trouvée à la fin differe du commencement, on prendra toûjours le moindre nombre pour le conte du Roi, ce qui se doit entendre pour le remuëment des

des terrés ſeulement ; car pour la maſſonnerie il pourroit y avoir des changements dans la fondation, qui ſeroient ſi éloignez du toiſé eſtimatif, qu'on ne pourroit pas s'y tenir ſans tomber volontairement dans une erreur conſiderable.

Tous les ouvrages de terre ſeront meſurez par la cavation des foſſéz, d'ou on les aura tirés, a moins qu'il ne fut expreſſement ſpecifié par leur marché de le faire autrement.

Les meſurages ſeront faits par un homme capable, approuvé, & ſermenté, lequel les fera tousjours en preſence de l'ingenieur, ou de gens à ce commis de ſa part.

Au defaut d'un ſermenté, l'Inl'Ingenieur le fera lui même en presence de l'entrepreneur, ou de quelqu'un de ses chasse-avant, & toûjours en presence de deux ou de trois temoins.

Tous les temoins de terre, seront faits en profil, & non en piramide ; à cause des abus & tromperies qui s'y commettent.

Les mêmes temoins se feront tousjours de concert avec l'Ingenieur & l'Entrepreneur, de cette façon ou ils convien-dront, du lieu ou on les fera ou l'Entrepreneur en marquera telle quantité qu'il voudra suivant ses considerations, apres quoi L'Ingenieur en marquera pareille quantité aux siennes.

L'In-

L'Ingenieur ne fera payer personne à bon conte ſur les ouvrages, qu'il ne ſe ſoit auparavant rendu certain, par un bon meſurage, de la poſſibilité de le faire ou non, ſans rien hazarder pour le Roy.

A l'égard des ouvrages de maſſonnerie, on tiendra des attachemens ou des memoires exacts ſignés reciproquement de l'Ingenieur & de l'Entrepreneur, & mêmes des principaux conducteurs des ouvrages, où toutes les épaiſſeurs, longueurs, & hauteurs de chaque partie, ſeront nettement expliquées, ſpecifiant bien l'endroit de chacune, afin d'éviter toute ſorte d'embroüillement, & de ſupercherie dans les toiſés generaux.

Pour la charpenterie, on tiendra des attachemens de même de tous les bois qui ſeront attachés, & de ceux qui ne le ſeront pas; ſpecifiant bien le nom de chaque eſpece, & même figurant à la margle, mieux qu'il ſera poſſible, la partie dont il eſt queſtion afin d'éviter toute obſcurité.

La même choſe ſera auſſi obſervée pour le regard de la maſſonnerie, tout autant de fois qu'on croira en avoir beſoin pour plus grand éclairciſſement.

Tous les ouvrages de fer ſeront peſés à la livre de ſeize onces, en preſence de l'Ingenieur,

nieur, aprés qu'ils auront été forgés avant que d'étre employés.

Les mesurages des toisures de tuiles ou d'ardoises se feront toûjours à la toise quarrée.

Celui de la massonerie à la toise cube, si c'est de gros murs, ou à la toise quarrée si c'est de simple mur, comme de casernes, magasins, corps de gardes, & autres.

Le mesurage des terres se fera à la toise cube de France, celui des gazons à queüe, gazons plats, & placages, à la toise quarrée, celui de la charpenterie, au cent de pieces mesure de Paris.

Celui de plomb, & du cuivre que l'on mettra en oeuvre, à la livre de ſeize onces comme le fer.

Celui des vîtres ou panneaux, au pié quarré du païs, dont le contenu ſera après raporté à celui de France.

Celui de la menuiſerie, au pié ou à la piece, & quoi que bien ſouvent on ſoit obligé de ſe ſervir des meſurages uſités dans le païs où l'on ſe trouve, pour s'accomoder à l'intelligence des ouvriers ; on ne laiſſera pas de les expliquer en meſures de France : par exemple ſi l'on dit que tel Entrepreneur a fait tant de ſchachſt de terre, (qui eſt une meſure dont on ſe ſert en Flandres) on expliquera auſſi-tôt, revenant à tant de toiſes de France, ce, on obſervera la même choſe, dans toutes les autres eſpéces de meſurages.

Les Treſoriers ou leurs Commis ne feront point de payement, qu'on ne leur raporte un certificat de l'Ingenieur, avec l'Ordonnance de L'Intendant au bas.

Sur la fin de chaque anneé, environ la St. Martin, au temps que les ouvrages finiſſent, l'Ingenieur arrêtera toutes les dépences qui auront été faites ſur ſon livre, & raportera ſur ſon projet de l'année courante, l'état où ſeront les ouvrages de la place, & ce que chacun d'eux aura coûté, en marge vis à vis de ſon article , contant après les revenans bon, ou les detes qui s'y trouveront, pour faire état des premiers comme fonds déja reçûs, & des ſeconds, comme premier fond à demander ſur le projet de l'an prochain, en-ſuite de quoi il y travaillera, y raportant tous les ouvrages qui auront été reglés, avec l'eſtimation de chacun en particulier, le plus juſte qu'il ſera poſſible, afin que l'on puiſſe choiſir ceux que l'on jugera les plus neceſſaires: il faudra auſſi raporter après cela le prix des materiaux en proviſion, lesquels tiendront lieu au fond, & à la fin le nom

nom de tous les gens employés à la fortification, & les appointemens d'un chacun ; & pourvû que cét ordre soit exactement observé, l'on ne tombera dans aucune erreur, & l'on verra toûjours clair dans toutes les dépences faites & à faire.

Mais afin que l'on ait plus de facilité à suivre cét ordre, nous joindrons quelques formulaires pour les toisés, & état de dépence à la fin de ce memoire.

De plus l'Ingenieur doit rendre conte tous les huit jours au Ministre, de l'état de sa place & au Directeur toutes les fois qu'il aura besoin de quelque explication ſur le deſſein, ou de ſavoir ſon ſentiment ſur quelque partie des travaux.

IN-

INGENIEURS EN SECOND CONDUCTEURS ET CHASSE-AVANTS.

NOus avons déja dit que ceux qui se trouveroient dans les places, devroient servir sous les autres, & leur obéïr comme à leur chef & à ceux de qui ils recevront les ordres de ce qu'ils auront à faire ; l'emploi de ceux-ci ne sera point autre que celui que l'Ingenieur leur voudra regler, toutefois en ſon abſence le plus capable d'entre eux tiendra le livre, & fera la même choſe que lui, à condition de lui en rendre conte à ſon retour.

Mais quand l'Ingenieur en premier ſera Provincial, ou chargé de la Fortification de pluſieurs places à la fois, le Directeur General aura ſoin de mettre des Ingenieurs en ſecond, dans celles où il ne reſidera pas, qui tiendront le livre, & obéiront aux ordres du Provincial, & lui rendront un conte exact & fidele des ouvrages, lui preſent ou abſent, ce qu'ils feront auſſi de temps à autre, au Miniſtre : & au Directeur.

Le

Le conducteur des ouvriers, & les chasse-avants seront appliqués chacun à son emploi qui lui sera proposé, où ils ne demeureront qu'autant que les ouvrages dureront, ou qu'il plaira à l'Intendant, ou aux Ingenieurs, qui les pourront changer selon le besoin qu'ils en auront, ou qu'ils s'acquiteront bien ou mal de ce qui leur sera commis; mais quand il s'en trouvera quelqu'un qui se rendra intelligent, & dont la conduite pourra donner lieu d'en esperer quelque chose de bon, alors on le pourra perpetuer dans l'emploi, & même l'augmenter de charge, & d'appointemens à mesure qu'il s'en rendra capable! Voilà à peu près la conduite qu'on doit tenir dans les Fortifications ; mais afin qu'il n'y manque rien de ce qui la peut inſtruire, nous y ajoûterons quelques avis généraux dont on ſe pourra ſervir ſelon les lieux & les occaſions.

I.

Toutes les Fortifications ſe font ordinairement par des entrepriſes generales, ou par des particulieres, ou par detail, ou par courvées impoſées ſur les païs, & le plus ſouvent, par un compoſé de toutes ces manieres enſemble.

Quand

II.

Quand on pourra trouver des Entrepreneurs à juste prix, solvables, & de capacité à pouvoir embrasser une entreprise generale, on fera bien de traiter avec eux, éclaircissant nettement le detail dans le devis de toutes les pieces qui y seront contenuës: mais il est très rare de trouver des têtes assez fortes, pour pouvoir soûtenir un fardeau aussi pesant qu'est celui d'une entreprise generale, & que la presse avec laquelle on fait ordinairement les ouvrages & la durée de telles entreprises y cause une infinité de contraventions qui l'embroüillent, & reduisent bien souvent l'Entrepreneur à ne savoir plus où il en est, il vaudra mieux s'en tenir aux entreprises particulieres, qui peuvent s'achever en peu de temps: & de quelque façon que l'on traite, il faudra mesurer tous les ans ce qui aura été fait, & finir de conte avec les Entrepreneurs.

III.

Il faut toûjours éviter les details, & sur tout les ouvrages à journées, à cause de la confusion, & des friponneries qui s'y commettent; joint que l'ouvrier qui est

est assûré de son gain ne se presse jamais, au lieu que celui qui ne gagne qu'autant qu'il travaille, n'a jamais besoin d'autre chasse-avants que son propre intérêt.

IV.

Il faut aussi éviter tous les ouvrages à courvées qui demandent quelque façon, & de la promptitude, attendu que la diligence, & le savoir ne se trouvent jamais parmi des gens qui ne travaillent que par force, & ne tâchent qu'à couler le temps; mais quand on sera obligé de s'en servir au remuëment de terres, il leür faudra imposer la quantité

tité qu'on leur voudra faire remuer, & la departir par communautés, moyennant quoi les uns traiteront avec les autres, ou ils s'accommoderont avec des Entrepreneurs, pour en pouvoir venir à bout, & de quelque maniére que cela se fasse, il en faudra prendre connoissance & charitablement prendre garde que ceux avec qui ils traiteront ne se trompent sur le prix, ou sur le mesurage, & qu'enfin ils ne leur vendent trop cherement leur peine.

V.

Pour bien faire, cette maniere de travailler ne devroit étre mise en usage, que pour des

des charrois, & des ouvrages fort grossiers, & toûjours le moins qu'on pourra, à cause de la ruïne qu'elle cause au païs dont elle est exigée.

V I.

On ne conclura point de marchés, soit qu'on les fasse par des mises au rabais suivant la methode ordinaire ou autrement, que les Lieutenans de Roi & Major de la place n'y soient appellés, qui le signeront comme faits en leur presence, & quand il s'agira de la reception de quelque ouvrage, ou d'un conte définitif, on le fera aussi en leur presence, afin que rien ne se ſe faſſe (comme on dit) deſſous la cheminée, & que tout ſoit autentique.

VII.

Quand il ſera queſtion d'ouvrir quelque partie de rampart, de mettre bas l'eau des foſſés, d'inonder quelque lieu des environs, ou enfin de razer quelqu'un des dehors pour commencer de nouveaux ouvrages, on ne le fera qu'après en avoir obtenu la permiſſion du Gouverneur, ou de celui qui commandera en ſon abſence, étant juſte que l'on ait cette deference, pour ceux dont l'honneur & la vie ſont reſponſables de la la garde & défense de leur place.

VIII.

De même, quand le Directeur General fera quelque dessein de Fortification, il leur en fera part, leur en exposera les raisons, & même demandera leur advis; dont il profitera selon qu'il trouvera à propos, avant que de lever le plan d'une place: le Directeur General ou l'Ingenieur particulier en demanderont aussi permission une fois pour toutes au Gouverneur, qui ne le doit permettre qu'à ces deux personnes, ou à ceux qui seront commis de leur part pour

pour y travailler, à cauſe des abus qui s'y peuvent commettre.

IX.

Il faudra obſerver, de ne jamais ouvrir une place, non pas même de demolir quelques uns de ſes dehors un peu conſiderables, que l'on n'ait fait auparavant tous les amas de materiaux neceſſaires au batiment des nouveaux, ou du moins de la plus grande partie, afin de le pouvoir rebâtir promptement, & ne le point faire languir, parce que l'ouverture d'une place de guerre, eſt dangereuſe dans la paix même la plus profonde.

Il

X.

Il faudra obſerver, qu'auparavant que de commencer aucun ouvrage, on fera faire l'eſtimation des maiſons appartenantes aux particuliers, qui devront être occupées par la Fortification, & même l'on commencera par les en dedomager s'il eſt poſſible; étant juſte que le proprietaire à qui on prend les biens ſans les lui demander, & pour un prix ordinairement très mediocre, ne ſoit pas fruſtré de ſon revenu annuel, par l'attente trop longue de ſon principal.

XI.

L'Ingenieur particulier de cha-

chaque place, fera à la fin de chaque année un plan assez grand pour que toutes les pieces qui le composeront, y puissent être clairement distinguées, avec les particularités, qui le doivent accompagner : sur lequel il observera de laver de rouge toutes celles qui seront achevées & en nature, si les picces qu'elles representeront sont revêtuës de muraille, & d'ancre de la Chine ou de grisaille, si c'est simplement de terre ou de gazon; distinguant le parapet du terre plein par une touche plus forte aux endroits où il y en aura de commencés : mais où il n'y en aura point encore, le lavis sera tout uni, avec cette

cette remarque, que plus l'ouvrage sera avancé & près de sa perfection, plus il faudra aussi fortifier le dit lavis, & approcher sa couleur de celle des ouvrages parfaits.

XII.

Les pieces qui ne seront qu'en projet, & auxquelles on n'aura pas encore travaillé, seront lavées de jaune, pour les distinguer des autres, & les parties du vieux plan, ou des vieux ouvrages qui seront effacées par le nouveau dessein, seront simplement representées par des lignes ponctuées; ceci est une loi qu'il faudra suivre exactement, pour éviter

ter la confusion que le colo-
ris des plans, diversifiés in-
differemment de toutes sortes de couleurs, pourroit cau-
ser, en prenant la significa-
tion de l'un, pour celle de
l'autre.

XIII.

On ne doit recevoir aucun toiseur dans les ouvrages, qui ne soit approuvé & qui n'ait auparavant subi l'examen, sur les problemes de Geometrie necessaires, & sur la pratique de toutes sortes de toisés, par devant le Directeur General ou deux Ingenieurs par lui nommés pour cét effet, dont celui qui voudra

dra étre receu sera obligé de raporter les certificats.

XIV.

On doit aussi examiner publiquement, & à diverses fois les jeunes gens qui veulent s'introduire dans les Fortifications, pour y étre employés comme Ingenieurs, non seulement en ce qui regarde la Geometrie & toisés, mais aussi sur toutes les autres parties des Mathematiques plus necessaires, telles que sont la Trigonometrie, les Mechaniques, l'Aritmetique, la Geographie, l'Architecture civile, & même le dessein. En-suite dequoi je serois d'avis de les obliger à une année ou deux de noviciat dans les places où il y a de grands ouvrages, pour ſavoir quelle ſera la portée de leur eſprit, leur application, & les progrès qu'ils y feront; & après ce temps expiré, & les avoir derechef examinés, ſur la theorie & la pratique, on pourra les recevoir dans l'ordre de ſecond, leur donnant le brevet & la commiſſion neceſſaire à leur établiſſement; mais ſi après avoir fini leur noviciat, on voit qu'ils ne ſont pas propres, on pourra les retirer & leur donner de l'emploi dans l'Infanterie, où ce qu'ils auront apris, leur ſervira beaucoup.

XV.

Il ne faut jamais donner de conduite en chef à de jeunes Ingenieurs, qui n'auront pas servi un espace de temps considerable, sous des premiers capables & bien entendus, ni les charger d'une bien grosse affaire, quand on commencera à les employer, mais les mettre peu à peu jusqu'à ce qu'ils en soient plus fermes; dautant que les plus experimentés ont assez de peine à se tirer passablement d'affaires, la diversité des ouvrages, & les differentes maniéres de s'y conduire, étant si grandes que les plus habiles y sont bien empéchés.

 Quand

XVI.

Quand on fera le departement des ouvrages aux gens employés, il faudra bien prendre garde d'appliquer chacun à celui qui lui conviendra le mieux, & ſur tout tenir pour maxime, d'avoir toûjours un homme fidele & intelligent dans la maſſonnerie, qui ne perde jamais de vûë la main des maſſons; car la plûpart manquent extremement de ſoin dans l'arrangement des matériaux, ſoit par negligence, ſoit par ignorance ou friponnerie, ce qui n'arrive que quand ils ne ſont pas éclairés de quelqu'un, qui les tienne ne en crainte. C'eſt auſſi pour cette raiſon qu'on ne doit ſoufrir qu'ils travaillent aux heures induës, ni ſans la preſence de ceux à qui ſera commis le ſoin de les obſerver; car il n'y a rien de ſi pernicieux dans la conduite des travaux, que ces ſortes de negligences.

XVII.

Tous ceux qui ont experience dans l'art de bâtir, n'oublient jamais de ſpecifier cette condition dans les marchés qu'ils en font, non plus que celle de ne point faire les mortiers ſans la preſence d'un Commis, qui le faſſe doſer & conditionner ſelon les devis, &

qui prenne garde qu'on ne les employe qu'après être refroidis, c'est ce qu'il ne faut point negliger, puis que de la main d'œuvre de la qualité du mortier, dépend absolument celle de la massonnerie.

XVIII.

On doit entendre la même chose des ouvrages de terre & de gazon, attendu qu'ils n'ont pas moins besoin de la presence de quelqu'un qui observe l'arrangement des terres, les fassinages, & l'assiete des gazons, faute de quoi on ne se doit attendre., que d'avoir des ouvrages imparfaits & de peu de durée.

XIX. Ceux

XIX.

Ceux qui auront des charges dans les travaux, n'introduiront point leurs domestiques dans les ouvrages, pour les y faire employer ſous quelque pretexte que ce puiſſe être, non plus que de leurs chevaux & valets, parce que cela eſt ſuſpect, & peut donner lieu à des condeſcendences pour les Entrepreneurs, qu'on ne peut pas honnêtement expliquer.

XX.

Perſonne ne doit être receu dans les Fortifications par faveur, ou par recommandation,

tion, il faut que le merite ſeul, & la capacité dans les gens leur en attire les emplois, & c'eſt à quoi il faut être d'autant plus circonſpect, que les défauts d'experience de ceux que l'on introduit, retombent toûjours ſur les coffres du Prince, qui outre les appointements mal employés qu'il lui en coûte, ſoufre encore de grands dommages par leur incapacité, comme le trop grand nombre d'inſpecteurs & Chaſſe-avants, ſur les ouvrages, ſeroit à charge & de peu d'utilité, on peut dire que le trop petit, n'y ſeroit pas moins prejudiciable, puiſque rien n'eſt plus important que d'avoir quantité d'yeux fide-

fideles sur la main des ouvriers, qui observent leurs actions, & les fassent diligenter, mais il les faut connoître, & les bien choisir, & être aussi promt à bien traiter ceux qui feront bien, qu'à se défaire de ceux qui manqueront d'application & de fidelité. Le nombre qu'il en faudroit dans les grands ouvrages, est d'autant qu'il y auroit d'Ateliers differens; par exemple j'en voudrois un pour les massons, un pour les terrassiers, un autre pour les voitures, un autre pour la décharge de materiaux.

Que si les massons & terrassiers sont separés, à plusieurs atteliers, il faut de necessité en avoir un à chacun, & si le nombre d'ouvriers de même espece est fort grand, il en faudra donner un à chacune centaine, n'êtant guére possible qu'un seul homme en puisse éclairer davantage.

XXI.

Il est à remarquer qu'il en faut beaucoup plus dans les ouvrages qui se font en detail, qu'en ceux qui se font par entreprises, & qu'en ceux-ci il suffit d'en avoir pour la massonnerie, & pour les remuëmens des terres, au lieu qu'aux autres il en faut de necessité sur tous les differens ouvrages; & sur cela il faut encore

encore obſerver, que rien n'eſt menagé, ce qui paroit en quelqu'une des places que l'on fortifie preſentement, où il n'y a que deux à trois hommes, pour conduire mille, ou douze cens ouvriers, qui étans diviſés en je ne ſai combien d'ouvrages differens, il eſt comme impoſſible qu'il ne ſe commette une infinité d'abus, & de negligences, dont il ne peut réüſſir que beaucoup de dēpence ſuperfluë, & qu'il ne ſe faſſe de mauvais ouvrages, ce qui excede & ſurpaſſe au centuple la dépence des appointemens, que l'on épargne à trois ou quatre hommes qu'on y pourroit employer de plus, ce n'eſt pas ici une exageration; & je m'aſſure qu'il n'y a perſonne qui aye fait un peu travailler, qui ne demeure d'accord que quatre hommes bien obſervés, font plus d'ouvrage, que ſix autres.

XXII.

Le Miniſtre d'Etat, par une lettre circulaire, donnerera rendés vous tous les ans, ſur la fin de l'année, & dans un temps prefix, aux Ingenieurs de toutes les places où on fera des ouvrages un peu conſiderables, & là chacun apportera ſes plans, ſon livre, & ſes details de ſes toiſés avec l'état apoſtillé des ouvrages qui auront été faits, & l'estimation de ceux qui resteront à faire, desquels on tirera un abregé pour regler le projets de ceux qu'on voudra faire l'année prochaine, tout cela sera examiné, & mis en ordre par le Directeur General, qui avec l'Ingenieur particulier, en Informera le Ministre, qui après en avoir rendu conte au Roi approuvera ou rejettera les articles proposés, selon le fond qu'il aura entre les mains, ou la quantité d'ouvrages que sa Majesté trouvera bon de faire, en-suite de quoy chacun retournera à sa place, on prendra ce temps pour obtenir congé pour vaquer à ſes affaires pendant quelques jours ; ce ſera à même temps qu'on changera, on licentiera les gens dont on n'aura plus beſoin, qu'on reglera les appointemens de ceux qu'on voudra employer de nouveau, & qu'on voudra faire monter ceux qui ſe feront diſtingués, par leur aplication & par leur merite.

XXIII.

Et afin que l'ordre que l'on tiendra ci après dans la conduite des ouvrages, ſoit le même dans toutes les places où on fera travailler, nous ajoûterons ici de petits abregés de formulaire, pour ſervir aux eſti-

estimations, toisés, projets, & états de dépence qui s'y feront : après avoir averti premierement, que quand on fera des toisés soit generaux soit particuliers, il faudra bien specifier le lieu & l'endroit, la quantité des ouvrages, le nom de la piece & de l'Entrepreneur, & même les marquer sur le plan par un renvoi chiffré, afin que l'on n'aye point de peine à le trouver, quand il s'agira de quelque verification.

Secondement, d'en donner les longueurs, largeurs & profondeurs, par toises, piés, & pouces, dans l'ordre marqué ci après, avec le produit au bas à l'extremité de la page.

Troisiémement, d'en distinguer les portions, quand il s'en trouvera plusieurs dans la même piece par premier, second, troisiéme, &c.

Quatriémement, d'en faire toûjours la supputation par toises, piés, & pouces, parce que cette façon s'explique plus clairement & est plus en usage & moins sujette aux embroüillemens des fractions que les autres.

ME-

MESURAGE
De la face d'un
BASTION,

EXEMPLE.

Etant queſtion de meſurer le devant de la face d'un baſtion telle qu'on voudra qui contienne pluſieurs parties, voici comme l'on s'y prend.

Eſurage des tranſports des terres qui ont été faits devant la face droite du baſtion N. pour l'aprofondiſſement

ment de son fossé, & l'élevation de son rampart entrepris par P. .... & ses associés, à raison de 50 *ß*. pour la toise cubique, marché fait le ..... du mois de .... de l'année.... & achevé le .... du mois de .... de la même année.

PREMIERE PARTIE.

A commencer de la pointe du Bastion en tirant vers l'épaule.

	toi.	pié.	po.
Longueur.	32	3	6
Largeur reduite.	12	4	8
Profondeur.	3	0	0
Fait	1243	116	0

SE-

SECONDE PARTIE.

	toi.	pié.	po.
Longueur. ----	8 -	3 -	0
Largeur. -----	12 -	4 -	8
Profondeur. ---	13 -	0 -	0
Fait	324 -	40 -	0

TROISIEME PARTIE.

Ioignant l'épaule du même côté attenant à la precedente.

	toi.	pié.	po.
Longueur. ----	12 -	0 -	0
Largeur. -----	12 -	4 -	8
Profondeur. ---	3 -	0 -	0
Fait.	458 -	0 -	0
Total.	2025 -	156 -	0

Qui

Qui a raison de 50 ß. la toise cube font la somme de - - - - 5063 - 10 - 0

Quand il s'agira de mesurer de la massonnerie, si c'est à la toise cube, on tiendra le même ordre expliquant toûjours les trois dimensions.

Si c'est à la toise quarrée on suivra aussi le même ordre, mais on expliquera les deux dimensions seulement savoir longueur & largeur.

Pour le gazonage on fera le même.

Mais si l'ouvrage étoit marchandé à la toise courante, on specifiera seulement le circuit depuis un endroit

jus-

jusques à un autre, expliquant toûjours sur quelle partie du profil, sera pris ledit circuit.

Si c'est charpenterie, on specifiera la difference des bois, la quantité de même échantillon, leur longueur & grosseur, suivant les différentes especes, ajoûtant le nombre des pieces qu'elles contiendront mesure de Paris, ainsi des autres.

FORMULAIRE

Pour le Mesurage des Bois de charpenterie, par lequel on connoit les differentes especes & pieces de bois, leur quantité, longueur, & grosseur, & leur contenu mesure de Paris.

Toisé des bois de charpenterie, mis en œuvre par N. maître charpentier & Entrepreneur.

Especce.	Longueur.	Grosseur.	*toï.pi.po.*
3 *Poudres de*	22 *p.sur*	12 & 15	27-2-[illegible]
24 *Solives de*	12 *p.sur*	4 & 6	16-0-0
2 *Sabliers de*	18 *p.sur*	6 & 12	6-0-0
2 *Tirans de*	25 *p.sur*	9 & 12	6-3-0
6 *Jamb.de forc.de*	14 *p.sur*	8 & 9	14-0-0
6 *Contrefiches de*	7 *p.sur*	7 & 8	6-1-4
6 *Jambetes de*	6 *p.sur*	7 & 8	4-4-0
4 *Ventriers de*	22 *p.sur*	8 & 6	8-5-4
		Fait	90-0-8

Qui

Qui à raison de 3 ₶ la piéce marché fait avec lui font la somme de 270. ₶ 6. ſ. 8. ₰.

Notez premierement que la toise de bois a 6. piés de long, le pié 12 pouces, & le pouce 12 lignes.

Secondement que cette même toise vaut ici une piece mesure de Paris, le pié par consequent un sixiéme, & ainsi des autres parties à proportion.

Troisiémement que la mesure de cette piece est de 6 piés de longueur sur 6 pouces d'épaisseur, & 12 de largeur faisant trois piés cubes mesure de Roi.

A la fin de chaque mesurage, il faudra ajoûter le certificat de l'Ingenieur, si c'est lui

lui qui aye fait le toisé, avec le nom des témoins presens, qui le signeront aussi; si c'est un mesureur sermenté, il faudra qu'il le fasse, en-suite de quoi le dit Ingenieur le signera, pour marque qu'il aura été fait en sa presence.

Du surplus, il faudra que les toisés soïent purs & nets, c'est-à-dire, que l'on ne les doit jamais augmenter, pour y comprendre la dépence d'autres ouvrages qui n'auroient pas été resolus, quelques petits qu'ils soient; il ne faut non plus faire aucune diversion des fonds, qui auront ête ordonnés pour la dépence des ouvrages, pour les emploÿer à un autre, tels que pour-

roient

roient être, les défections, reparations des bâtimens, & des Corps de Garde, Arcenaux, Magazins, & logemens du Gouverneur.

Quand ils ont besoin de reparation, il les faut comprendre dans le projet, & en representer la necessité au Ministre; mais attendu que tout toisé augmenté est fort suspect, & de mauvais exemple, bien que la fin pour laquelle on l'auroit fait, fut la plus juste du monde; on repete ici qu'il ne le faut jamais faire, à cause des friponneries qui pourroient s'en ensuivre, outre qu'il est à supposer, que les ouvrages dont la dépense à été ordonnée par le Ministre sont toûjours les plus pressés. Et sur cela on ne les doit point employer à d'autres, tels que pourroient être les reparations des bâtimens: tenir pour maxime indubitable, que toutes celles des Fortifications qui contribuent le plus à mettre une place en sûreté, sont toûjours preferables aux autres de quelque nature qu'ils puissent être.

Que si pendant le cours d'une année, il vient à tomber quelque chose dans les ouvrages qu'on n'ait pas prevû, comme cela arrive fort souvent, il en faut faire une estimation particuliere, & en donner promptement avis au Ministre, à qui on en fera connoître la consequence, afin

qu'i

qu'il ordonne de nouveaux fonds pour cela.

A l'égard des estimations, supposé qu'il s'agisse de faire celle d'une demi lune, que l'on veut simplement gazonner, fraiser, & palissader sur la berme, ou dans le fossé, les terres se mesurans par la cavation des fossés, comme il a été ci-devant ordonné, voici comme on y procedera après avoir expliqué le lieu, & la situation.

ESTIMATION

d'une demi-lune située entre les Bastions

N. & O. &c.

	toi.	pi.	po.
Circuit reduit du fossé	120	0	0
Largeur reduit du fossé - - -	10	4	0
Profondeur. - -	2	3	0
Fait	3200	0	0
Qui estimées à raison de 45 sous la toise cube font la somme de -	7200	0	0

Circuit exterieur du Ga-

zon-

	toi.	*pi.po:*
zonnage à queüe - - -	118 -	0 - 0
Hauteur exterieure.	3 -	0 - 0
Font	353 -	16 - 0

Toises quarées.

Circuit interieur du Gazonnage du parapet & banquettes. -	100 -	0 - 0
Hauteur interieure. - - - -	1 -	1 - 0
Fait	116 -	24 - 0

Total du gazonnage à queüe 470 toises quarées qui estimées à raison de 40 *ß.* chacune toise

Font 940 - 0 - 0

Gazon plat sur le parapet & sur les banquettes, longueur. - - -	100 - 0 - 0
Largeur reduite - - - - - -	4 - 2 - 0
Font	433 - 12 - 0
	toises quarées.
Qui estimées à raison de 8. ß la toise quarrée font la somme de - -	173 - 6 - 8

Pour 958 toises quarées de fassinages de 10. piés de long à raison de 10 ß pour

cha-

chaque toiſe quarrée la ſomme de - - -	479 ₶ 0 *ſ.*
Circuit reduit de la fraiſe & de la paliſſade	*toi. p. p.* - 110 - 0 - 0
A raiſon de 6 ₶ par toiſe courante à tout fournir font -	1320 - 0 - 0
Total du contenu de cétte eſtimation. -	10112 - 6 - 8

Quand il y aura quelqu'autre partie, il la faudra auſſi ſpecifier, comme les ponts de communication, épuiſemens d'eau, les revêtemens des profils, corps de garde & reduits. Cette maniere doit être pratiquée qué dans les estimations generales, desquelles il faudra après tirer des abregés dont un article comprendra la dépense d'une piece entiere en cette maniere.

Pour la façon de la demilune ordonnée entre les Bastions N. & O. toute dépense payée la somme de 10112-6-8

Il ne sera pas necessaire d'en faire d'autre detail, puis-qu'il aura été fait dans l'estimation generale, à laquelle il faudra avoir recours pour plus grand éclaircissement, & c'est de ces extraits ou abregés, qu'il faudra tous les ans tirer les projets de dépense, voilà à peu près quel en sera le formulaire afin d'éviter les longueurs.

ABREGE DES DEPENSES

Reſtant à faire pour mettre les Fortifications de la ville en leur entiere perfection.

Our la façon d'une demi-lune de terre, ordonnée entre les Baſtions de France, & de Bourgogne, toute dépenſe payée la ſomme de

12000- 0-0

Pour celle du reduit du corps de garde dans la di-

te demi lune,
la ſomme de - 2500 - 0 - 0

Pour achever le neteïement des foſſés de la place, la ſomme de - - 6000 - 0 - 0

Pour la façon d'une écluſe au bas du chemin couvert - - - - 8400 - 0 - 0

Total 28900 - 0 - 0

Pour ſix milliers de Paliſſades, la ſomme de - 3000 - 0 - 0

Aplaniſſement des Monticules Çavins

&

& comblement de fossés, la somme de - - - - - - 4500 - 0 - 0

Reparations des chemins couverts la somme de - - - - 1200 - 0 - 0

La façon & fourniture de six plate-formes sur les Batteries à barbe de bastion. - - - 1200 - 0 - 0

Il est dû à l'Entrepreneur sur les ouvrages de l'an passé. - - - - - 1500 - 0 - 0

Frais imprevûs

journées & accidens de l'eau. - - - - 2400 - 0 - 0

Total du contenu de cét abregé 42700 - 0 - 0

C'eſt ainſi qu'il faudra faire les abregés, leſquels ne differeront des états arrêtés des dépenſes annuelles que du titre ſeulement

De plus c'eſt dans ces abregés, que le Miniſtre choiſit les articles pour leſquels on veut faire fond, en-ſuite de quoi on le ſepare de l'eſtimation, pour en faire un autre à part, qui eſt ce que nous apelons êtat de dépenſe. Nous met-

mettrons encore ici le formulaire d'un état sur lequel on aura travaillé, que nous representerons apostillé, tel qu'il doit être representé à la fin de l'année au Ministre à qui on rend conte.

EXEMPLE

ETAT DES FONDS,

Ordonnés pour la Ville de N. pour l'année 1674.

DEPENSE.

ENtrepris par le nommé P. continué & achevé par le nommé D. pour la ſomme de 7650-0-0

Voir le journal de ſa dépenſe page. . . . .

Fait & achevé ſuivant le deſſein pour la ſomme de 2332-0-0

Voir

EXEMPLE

ETAT DES FONDS,

Ordonnés pour la Ville de N. pour l'année 1674.

RECEPTE.

Pour la façon entiere & parfaite de la demilune la somme de - . - - - 7500-0-0

Pour son reduit - - - 2500-0-0

Pour l'achevement des chemins cou- verts

DEPENSE.

Voir le journal de ſa dépence page	
Entrepris & achevé par le nommé N. de.... pour la ſomme de	4200-0-0
Voir le journal de ſa dépenſe page.... où il y a dépenſé - -	800-0-0
Le reſte s'achevera pour le prix de l'eſtimation & partant . .	1200-0-0
Voir le journal page	
Fait & achevé par le même entre-	

RECEPTE.

verts à l'entour avec les travaux & barrieres. 4500-0-0,

Pour la refection des chemins couverts . . . 1200-0-0

Pour les aplanissemens de la campagne aux environs de la place. 1500-0-0

Refection de l'ecluse a-

DEPENSE.

trepreneur pour la somme de 1850-0-0

Voir son detail dans le journal page . . . .

Achevé pour la somme de - - 1800-0-0

Par des gens de journée voir le journal page.

Cét ouvrage n'a point été achevé, attendu l'empêchement causé par les autres parties de ce bastion, qui n'ont pas été achevées à temps pour y travailler, mais on le fera pour l somme contenuë en son article 750-0-0

Sont payées. . . 3000-0-0

Dont

RECEPTE.

vancée du chemin couvert, la somme de . . . 1700-0-0

Pour la façon de trois Batteries en barbe sur la platte forme du Bastion la charpenterie comprise, la somme de 750-0-0

Pour payer ce qui est dû aux Entre-

DEPENSE.

Dont les quitances ſont chez le Treſorier.

Voir le journal page.........	
On a payé la moitié ſuivant le contenu au journal . . .	2260-0-0
Fait & achevé pour la ſomme contenuë en l'article ci à côté ſavoir -	3500-0-0
Voir ſon detail des ouvrages de la page du journal, on a dépenſé la ſomme de - -	5550-0-0

Dont

RECEPTE.

preneurs . . . 3000-0-0

Dédomagement des particuliers . . 4500-0-0

Pour ouvrages entrepris qui n'avoient pas êté couchésſur l'êtat, & pour lesquels on a fait de nouveaux fonds la ſomme de . . 3500-0-0

DEPENSE.

Dont le detail est continué.	34082-0-0
Recepte - - -	35200-0-0
Dépense. - - -	34882-0-0
Le revenant bon -	318-0-0

C'est cette somme ou revenant bon, qu'il faudra ajoûter au projet de l'année prochaine comme premier fond receu.

RECEPTE.

Entretiens ordinaire des ouvrages.	4550-0-0
Total de la recepte	35200-0-0

DES DEVIS.

IL auroit été très à propos de joindre ici quelque formulaire pour le Devis, si on avoit peu y satisfaire par deux ou trois differentes façons, mais comme il en faudroit autant qu'il y a de situations & d'ouvrages differens, on se contentera d'en donner une idée generale, & de ce que l'on doit observer après avoir défini ce que c'est.

Les devis d'un ouvrage est l'explication qu'on donne aux ouvriers de son detail, des mesures,

ſures, & de la conduite qu'on y veut tenir.

Ce devis ou cette explication doit étre ſimple, claire, nette & diſtincte; accommodée aux termes de l'art & du païs où l'on ſe trouve, en ſorte que tous les ouvriers le puiſſent bien concevoir.

Il ne doit rien contenir qui puiſſe être équivoque, ou ſujet à deux ſens; & pour cét effet avant que de le commencer, il faudra s'inſtruire parfaitement de la qualité du fonds, ſur lequel on veut bâtir, de celle des materiaux, qu'on y veut employer, & toûjours avoir un plan de l'ouvrage, & un deſſein de ſon élevation, avec autant de profils, qu'il y aura de

 change-

changemens de niveaux, les uns & les autres bien justes, où les mesures soient observées très exactement, & tous les changemens representés au naturel, avec une échelle au bas bien divisée, dautant plus que ces figures jointes au devis, quel qu'il soit, font mieux entendre ce que l'on veut dire, que le discours du monde le mieux dié.

Ces plans, ces desseins, & ces profils, seront attachés au devis, qui aura ses renvois marqués par chiffres ou par lettres alphabetiques, afin de rendre la chose plus intelligible.

En commençant le corps du devis on observera, premierement d'expliquer les niveaux,

&

& les traces qui doivent régler les ouvrages par leur figure.

Secondement toutes les hauteurs, épaisseurs, & profondeurs, talus, & generalement toutes les differentes mesures de leurs élevations.

Troisiémement les cavations des fondemens, leur qualité, qu'il faudra distinguer, savoir si c'est roche, Tuf, gravois, glaise, terre-ferme, ou sable mouvant, s'il faut piloter & de quelle façon, car il y en a plusieurs, c'est ce qu'il faudra nettement expliquer, tant par les figures que par le devis.

Quatriémement la fondation, les premieres assietes de la massonerie, les retraites, les liaisons, l'observation des talus

lus, la doſe des mortiers, la qualité des materiaux, & la maniere de les emploïer, leur aſſemblage, bien particulariſer toute la conduite.

Cinquiémement entrer dans le détail de la main d'œuvre juſqu'à ſpecifier laſſiete des pierres, & du moellon, la maniere de le placer à propos, afin que la maſſonnerie faſſe un bon corps, & puiſſe être bati plus ſolidement, commençant ces détails depuis la fondation, & le conduiſant par ordre juſqu'à la fin de l'ouvrage.

Sixiémement, la pierre de taille des angles, les ſoubaſemens, la qualité des paremens, leurs changemens, les cordons, culs de lampe, corps de de guerite, égouts, events &c.

Septiémement bien ſpecifier auſſi les contreforts, leurs diviſions, leurs eſpaces les uns des autres, leur liaiſon avec le gros mur, & enfin toutes les meſures qu'on y voudra faire obſerver.

En huitiéme lieu, les remblais, faſſinages, façon des parapets, & terre-pleins, dont on fera un chapitre à part, avec tout ce qui apartient au remuëment des terres qui concerneront cét ouvrage, ſi ce ſont des ouvrage de terre il faudra bien expliquer les meſures du plan, celle de l'élevation, les talus, remuëmens des terres, les épuiſemens d'eau faſſinages & le gazon; les bateries

teries & les montées, la maniere de planter les palissades, de poser la fraise, les guerites, & generalement tout ce qui apartiendra à la construction de l'ouvrage, dont il faudra expliquer jusqu'à la moindre particularité, afin d'éviter la chicane des Entrepreneurs, & les incidens fâcheux qu'ils font naître à tout propos quand ils sont en perte.

Neuviémement lors qu'il s'agira de faire les devis de quelque bâtiment, comme d'un Corps de garde, Magazin, Caserne, il faudra toûjours suivre la même methode, c'est-à dire commencer à expliquer le plan, les divisions des apartemens, l'é paisseur des murs, leur éle-

élevation, la quantité de portes, fenêtres, lucarnes, cheminées, les poutres, la quantité de ſerrures, la couverture, & generalement tout ce qui peut apartenir à un apartement complet, diviſant le tout par petits chapitres, avec des renvois aux plans, profils, & élevations; car il faut pour le moins avoir trois deſſeins pour bien conduire un ouvrage. Il faudra auſſi ſpecifier la qualité des materiaux, leur miſe en œuvre, ce qui doit être de pierre ou de brique, & ce qui ſera de moëlon, celle des mortiers comme la chaux ou le ſable, &c. & pour la charpenterie non ſeulement il faudra expliquer la quantité de

 bois,

bois, & leur aplication, mais encore leur aſſemblage, groſſeur, & longueur, c'eſt à quoi il faudra être fort circonſpect, & ne rien ômettre s'il eſt poſſible, car les ouvriers ne pretendent être obligés qu'à ce qui eſt expliqué dans le Devis.

Il ſera ſur tout très à propos, de ſe ſervir des noms propres aux choſes qui ſont connûës dans le païs, & quand elles ſeront inconnûës à l'Ingenieur, il le faudra aprendre des ouvriers, & ne pas étre honteux de demander un ſecours, dont les plus habiles ne ſe ſauroient paſſes, l'art de bâtir étant plein d'une infinité de termes qui changent ſuivant les provinces, & les differentes eſpeces de materiaux

riaux qui s'y trouvent: que si on ne s'y accommodoit pas, les ouvriers n'entendroient pas la plûpart du temps ce qu'on voudroit dire.

Et parce qu'il pourroit arriver que beaucoup de ceux qui sont nouvellement employés dans les fortifications ne savent pas encore le stile dont on a accoûtumé de se servir dans les adjudications & mises au rabais, nous en joindrons encore ici un formulaire, afin de rendre cét ouvrage le plus complet, qu'il sera possible.

Nous N. aprés avoir fait publier & afficher dans toutes les places publiques & ordinaires, de la ville de ...... & fait savoir dans tous les lieux cirvoisins

ſins que le . . . . jour de . . . . deux heures de relevée, il ſeroit par nous procedé, par adjudication au rabais des ouvrages de terre & de maſſonnerie, que Sa Majeſté a ordonné être faits pour la fortification de laditte place, ſuivant & conformément aux plans & profils qui en ont été dreſſés, par l'Ingenieur ordinaire de Sa Majeſté, & aux clauſes & conditions portées par le Devis dont la teneur ſuit.

Devis des ouvrages &c. Ledit jour . . . . . deux heures de relevée s'êtant trouvés en nôtre hôtel pluſieurs ouvriers, nous leur avons fait faire lecture à haute voix du devis ci-deſſus qu'ils ont dit bien entendre, en preſence de Mr. le Gouverneur

neur, Mr. le Lieutenant de Roi, Mrs les Majors des Maires & Echevins de ladite ville, nottamment des Srs. N. N. Et avons reçû les miſes en rabais des ouvrages qui y ſont contenus, leſquels ont été mis à prix par D. à la ſomme de ...... monoie de France pour chaque toiſe cube de maſſonnerie, & de .... pour la toiſe cube de terre, ra-baiſſée à l'inſtant par R. à la ſomme de ...... pour la maſſonnerie, & la terre à ..... la toiſe cube, & parce qu'il ne s'eſt trouvé perſonne pour mettre ces ouvrages à plus bas prix, par l'avis desdits, nous en avons remis l'adjudication au .. .. du preſent mois heure de .... & ordonné qu'ils ſeront publiés de nouveau tant par cette ville qu'aux lieux circonvoisins.

Et le .... heure de ... sont comparus en nôtre hôtel plusieurs bourgeois, entrepreneurs, & ouvriers de cette ville, auxquels avons derechef fait faire lecture du Devis ci-dessus mentioné, & des conditions y contennuës, que tous ont dit bien entendre; sur quoi ledit R nous a requis de lui ajuger lesdits ouvrages comme moins disant & pour le prix de sa derniere mise. Sur quoi nous avons fait allumer plusieurs chandelles, pendant le feu desquelles lesdits ouvrages ont êté mis au rabais par A. à la somme de .... pour chaque toise cube de terre re rabaissés à l'instant par R. à la somme de ..... & par P. à la somme de ..... & ayant attendu une heure après l'extinction des chandelles ; & ne s'étant trouvé personne qui ait fait la condition du Roi meilleure, & qui aye mis lesdits ouvrages à plus bas prix, nous .... sous le bon plaisir de sa Majesté & de l'avis des susdits Mrs. & autres témoins ci-devant nommés, les avons adjugés & adjugeons au dit P. pour la somme de ...... pour chaque toise cube de massonnerie, & pour .... pour celle de terre, le tout suivant & conformément aux clauses & conditions, des plans, profils, & devis, & de rendre lesdits ouvrages bien & dûëment

 faits

faıs & parfaits au dire des gens à ce connoiſſans, dans . . . mois, à commencer aujourd'hui, le prix deſquels ouvrages nous promettons leur faire payer par ſa Majeſté au fait, & à meſure qu'ils s'avanceront. Sera en outre ledit P. obligé à execution, & entretien de la preſente adjudication, comme pour affaire du Roi, & de garentir les ouvrages par lui entrepris, un an après qu'ils auront été reçûs par ledit Sr. ou autre commis à cét effet. Fait & arrêté le . . . du mois de . . . . de l'année &c.

En obſervant exactement la conduite propoſée en cette inſtruction, comme il y a lieu de l'eſperer, il ſera très difficile que le Roi puiſſe être trompé, chacun

cun ſera toûjours ſavant dans ſon emploi, parce qu'il en ſaura l'étenduë, & en quoi il conſiſte, & perſonne ne ſera nouveau dans ceux qui lui ſeront donnés ailleurs, quand on le changera d'une place à l'autre, vû que la conduite ſera par tout uniforme : de plus les ouvrages s'y feront ſans confuſion, & promptement, dautant qu'ils ſe feront avec ordre & avec bien moins de peine & de fatigue pour ceux qui en ſeront chargés.

Sur le changement des gens employés dans la Fortification.

IL est très constant que l'une des choses qui nuit le plus à l'œconomie, & même à l'avancement des ouvrages, est le renouvellement frequent que l'on fait de ceux qui en ont les principaux soins, specialement des Ingenieurs, vû que de ce changement il arrive que personne ne s'instruit jamais à fond; que l'on y est toûjours nouveau; que l'on ne connoit qu'imparfaitement la qualité des materiaux, leur prix, & la capacité des ouvriers; que l'on ne sait ni les moyens de faire les voitures, ni de quelle maniere s'y prendre pour établir un bon ordre: cependant ce sont des parties qu'il faut necessairement savoir, & qui ne s'aprennent qu'avec du temps. De plus

plus j'ose bien dire, & il n'est que trop certain, que quelque soin que les gens prennent à se rendre savans dans ce métier, les souverains au dépens de qui on l'aprend, en payent toûjours cherement l'aprentissage; car s'il est vrai, comme l'on n'en peut pas douter, que dans tous les commencemens des plus grands ouvrages, il est impossible aux plus inteligens mêmes quelque application qu'ils y aportent, d'empêcher que la dépense n'en excede toûjours le juste prix, d'une cinquiéme ou sixiéme partie, que doit-il arriver aux travaux des places où on change tous les ans de Directeur, & où jamais personne n'a le temps d'aprendre ce qu'il doit savoir? Certainement il n'en peut réüssir que des desseins mal executés, & des redoublemens de dépense effroyable, à quoi il n'y a d'autre remede que de bien choisir une fois pour toutes, les gens qu'on qu'on y voudra employer, se donner patience qu'ils s'y soient bien instruits, & les perpetuer après dans l'emploi tant que l'on aura besoin d'eux & qu'ils s'y conduiront bien.

SUR LES OUVRAGES PRECIPITES.

RIen n'est si necessaire à la fortification, que la diligence, ni rien ne lui est plus oposé que la grande precipitation avec laquelle on les commence le plus souvent, sans avoir fait les provisions de materiaux, dont on peut avoir besoin, d'être assûré de la quantité d'ouvriers qu'on y voudra employer, dautant que de cét empressement il il arrive, qu'avant qu'ils ſoient à moitié faits, on manque de je ne ſai combien de choſes, qui cauſent toûjours un retardement dangereux, & une augmentation de dépenſe conſiderable, par le ſecours extraordinaire qu'on eſt obligé d'emprunter ailleurs, & qu'on paye quelquefois bien cher, ſans conter le dommage que le païs en ſoufre, de qui l'on eſt contraint d'exiger des courvées & voitures, dans le temps même que les païſans ſont occupés à leurs recoltes; c'eſt ce qui nous fait encore repeter une fois, que l'on ne doit jamais commencer un ouvrage ſans avoir bien pris ſes meſures pour la fourniture des materiaux, & ſans en avoir fait avant un amas ſi conſiderable, que la quantité d'ouvriers qu'on aura reſolu d'y employer, n'en puiſſe jamais manquer: c'eſt ce qui doit être obſervé dautant plus exactement, que rien n'eſt ſi dan-

dangereux pour une place que la lenteur de ses ouvrages, attendu que jusqu'à ce qu'ils ayent aquis leur perfection, elle est toûjours en peril, & considerablement affoiblie par la propre imperfection de ceux que l'on bâtit, par l'embarras des materiaux repandus à l'entour, par les ouvertures de ses chemins couverts pour faire passer les chariots, & par les comblemens de ses fossés, accidens toûjours inseparables des travaux imparfaits d'où s'ensuit que jusqu'à ce qu'une piece quelle quelle soit ait aquis son entiere perfection, est toûjours contre sa place, c'est à dire plûtôt en état de lui nuire que de servir à sa défense, situation malheureuse, & qui devroit faire trembler ceux qui sont chargés de la conduite des ouvrages mal en train, je veux dire qui languissent faute d'avoir pris des mesures assez justes, pour les diligenter comme il faut, spe-

ſpecialement dãs un tems de guerre, où l'ennemi peut à tous momens former des entrepriſes deſſus. Il n'y a rien de ſi commun dans l'hiſtoire des guerres paſſées, & mêmes preſentes, que la perte des places qui ont été ſurpriſes, ou que l'on a été contraint d'abandonner avant que leurs fortificatiõs fuſſent en défenſe. On doit encore remarquer, que quand il s'agira de paſſer des marchés pour des ouvrages conſiderables, il eſt bon de le faire dans les formes, mais non pas de les donner toûjours à tous ceux qui ſe preſenteront pour les prendre au moindre prix, car il faut non ſeulement examiner ſi les Entrepreneurs ont aſſez de bien pour repondre aux avances qu'on ſera obligé de leur faire, mais encore s'ils ſont de capacité à pouvoir s'aquiter de l'entrepriſe & s'il y a lieu d'entre priſe à leur égard, il faut la conclure à des conditions raiſonnables, ſans pouſſer les miſes au rabais a plus bas prix qu'elles ne doivent être, dautant que ſi l'entrepriſe eſt un peu groſſe, & qu'on la donne à de pauvres gens, ou à des ignorans, ils la prendront à tel prix qu'on voudra, dans l'eſperance d'en pouvoir profiter de façon ou d'autre, & au pis aller de ſubſiſter toûjours aux dépens de l'entrepriſe: mais outre qu'on n'y trouvera point de ſeureté, quand on viendra à l'execution, on doit s'attendre qu'ils en écumeront le profit tant qu'ils pourront: feront leurs affaires s'ils peuvent, & mettront tous les ouvrages en confuſion, après quoi la tête leur tournant, ils donneront du nez en terre, ou abandonneront tout d'eux-mêmes, ſi l'on ne les previent, ce qu'ils ſeront infailliblement obligés de faire; mais c'eſt ce qui n'arrive jamais, ſans cauſer un redoublement de dépenſe, une lenteur inſuportable, un un grand embarras, & un décreditement universel des ouvrages : d'où s'ensuit que ceux qui pourroient être faits pour 30. ß. la toise, en coûtent ordinairement 40. & 50. ß. que ceux qui devroient être achevés en un an, ne le sont pas en deux, que le desordre qui s'y met donne des peines infinies à ceux qui en ont la conduite ; & qu'enfin les ouvriers desertent faute d'être payés, & donne un si mauvais bruit aux ouvrages, que personne ne s'y veut plus presenter. D'où l'on peut conclure qu'il n'y a rien de si pernicieux que ces pretendus bons marchés, qu'on doit considerer comme un moyen très sûr, de perpetuer le travail, sans jamais avoir la satisfaction de le finir : ce qui soit dit pour desabuser ceux qui mettent toute leur aplication à faire des marchés au plus bas prix qu'ils peuvent, sans examiner les suites, ni la possibilité qu'il y a de le pouvoir executer ou non. Il

Il seroit fort à desirer que ces reflexions eussent un peu plus de lieu, & que le desir de faire sa cour, ou la crainte de manquer, ou enfin le peu de connoissance, du juste prix des ouvrages, y eussent moins de part, on éviteroit par ce moyen bien des retardemens, & de la dépense, dans la plus part des places où on fortifie presentemeut.

FIN.

www.ingramcontent.com/pod-product-compliance
Ingram Content Group UK Ltd.
Pitfield, Milton Keynes, MK11 3LW, UK
UKHW021156260726
13994UKWH00001B/495

9 782329 343433

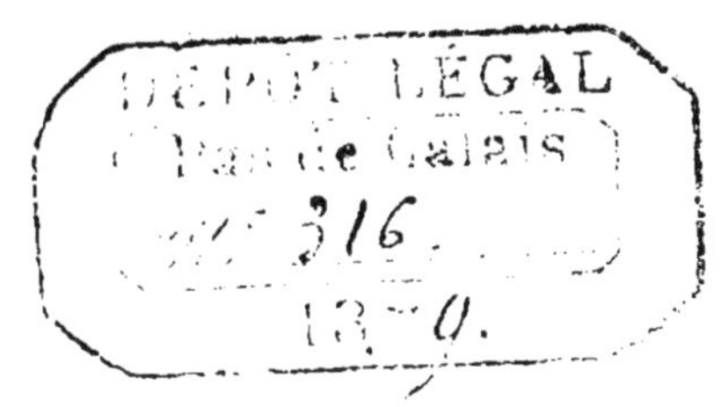

SIMON OGIER

PAR

E.-M.-D. ROBINEAU

Agrégé des lettres
Professeur de rhétorique au Lycée de Saint-Omer
Membre titulaire de la Société des Antiquaires de la Morinie

SAINT-OMER

IMPRIMERIE FLEURY-LEMAIRE, RUE DE WISSOCQ
1879

A la Ville de Saint-Omer,

Souvenir d'un hôte,

ROBINEAU.

PRÉFACE

On ne lit plus Simon Ogier. Les érudits le citent quelquefois pour orner d'un vers latin et d'une fleur de poésie l'aridité de leurs mémoires. Mais si l'on invoque encore son autorité, on ne connait plus sa personne. C'était pourtant un petit personnage, bien vivant, à l'œil ouvert, au teint coloré, toujours par monts et par vaux, exposé à mille aventures, distribuant et recevant l'encens de toutes parts. Ce n'était pas un saint, malgré les apparences. Il eut toutes les faiblesses de l'humanité et toutes les passions de son époque. Prosterné devant les Espagnols et la Sainte-Ligue, il n'a pas assez d'outrages pour les Français et pour Henri IV. Avec cela, des idées littéraires, tantôt vraies, tantôt absurdes, de l'esprit, noyé dans le mauvais goût, quelques sentiments élevés, et à côté une mendicité presque effrontée. Un vrai tempérament de poëte après tout, vaniteux, susceptible, inquiet, tour à tour enthousiaste et mélancolique. A coup sûr, il ne mérite pas une statue, mais il est digne d'une étude.

Ajouterai-je qu'à Saint-Omer il n'est pas permis de l'ignorer ? J'aime mieux faire remarquer que sa vie et ses ouvrages nous aident à mieux comprendre une des périodes les plus curieuses de notre histoire. A ce titre ce sont des documents. Simon Ogier s'est trouvé en rapports avec beaucoup d'hommes importants, généraux et capitaines, évêques et abbés, du parti espagnol. Il se mêlait des événements politiques, en envoyait parfois des relations au loin, et dans les triomphes prenait le rôle d'un panégyriste semi-officiel. Il avait même rêvé d'être le Virgile de la nouvelle maison des Césars, qui essayaient depuis Charles-Quint de réunir tout l'Occident sous leur sceptre. Mais le rêve du poëte ne se réalisa pas plus que celui des empereurs.

Les ouvrages de Simon Ogier étant dispersés, nous avons dû recourir à l'obligeance des bibliophiles qui en possèdent les rares exemplaires. Ils ont été d'une extrême bienveillance. Nous leur devons ici un remercîment public. Non-seulement ils ont mis à notre disposition des ouvrages précieux : ils nous ont encore communiqué sur la famille et les ouvrages de Simon Ogier des notes intéressantes dont nous avons fait notre profit.

PREMIER CHAPITRE

(1549-1574)

Naissance du poëte. — Sa famille. — Son éducation. — Balinghem et Gérard d'Hamérikourt. — Insurrection des Pays-Bas espagnols. — Premières tristesses. — Solor Olor. — Humeur voyageuse. — Épigramme à Daphné. — Départ pour l'Italie.

Simon Ogier naquit à Saint-Omer en 1549, le 3 mai, vers midi (Silves XII, 98). Il était le troisième enfant d'Allard Ogier [1] et de Nicaise Haverloix, honnêtes bourgeois de la Tenne-Rue, chargés d'une rente de 11 sous parisis envers la table des pauvres de la paroisse du Saint-Sépulcre [2]. Dans cette même église

[1] Allard Ogier eut sept enfants dans cet ordre : Jeanne, Marie, Simon, Antoine, Pierre, Allard et Gilbert.

[2] Note due à M. Deschamps de Pas.

se voyaient alors, près de la statue de saint Augustin, les tombeaux de David Ogier, de Barthélemy Ogier, enfin d'Enguerrand, le père d'Allard, sorte de géant, mort à 43 ans d'une indigestion de saumure (Épitaphes I, 16). Allard était lui-même un homme robuste et énergique. Argentier de la ville de 1563 à 1570, il l'aurait aidée de ses ressources personnelles dans des circonstances difficiles (Épitaphes I, 18). Mais il se fit remarquer surtout par sa piété et son ardeur à combattre les Patriots. On appelait ainsi en Artois le parti national, ennemi de l'Espagne et de l'Inquisition, favorable par contre aux Français et aux protestants. Allard paya de sa personne dans ces luttes obscures et Simon hérita de lui ce zèle ardent pour la cause espagnole et catholique qui fut un des principaux traits de son caractère. Sa mère d'ailleurs était aussi pieuse que belle (Ibidem, 19), paraît-il, et devait de plus tenir de son père Roland Haverloix, poëte et musicien (Ibidem, 17), certains instincts artistiques qu'elle transmit à son fils.

Allard n'avait eu jusqu'alors d'autres enfants que deux filles (Silves XII, 98). Aussi la naissance de Simon fut-elle accueillie avec joie. L'enfant était fort et bien constitué. Il fut rarement malade et son visage, selon son expression, resplendissait de gaîté (Ibidem). La route de la vie s'ouvrait donc devant lui facile et belle. Comment devint-il plus tard si élégiaque et si mélancolique ? Allard voulait faire de son fils un avocat bien posé, comme on dit, et riche d'une nombreuse clientèle. Pourquoi Simon ne fut-il qu'un rimeur errant, un petit poëte latin, mendiant la faveur des grands et des abbés, flatteur hyperbolique de ceux qui récompensaient ses préfaces, critique mordant des rustres qui ne paraissaient pas mettre à un taux assez élevé les accords d'Apollon et la voix des Muses ? La réponse à cette question; c'est l'histoire même de sa vie.

Jusqu'à l'âge de sept ans (Silves II, 11), Simon Ogier ne quitta point sa mère. « Elle m'a enfanté elle-même, dit-il naïvement dans son Épitaphe, elle m'a nourri et m'a élevé ; c'est elle qui m'a montré le droit chemin que j'ai toujours suivi ». Mais bientôt il fallut aller en classe. Son père le confia au « très grand » Balinghem, qui lui enseigna le latin et le grec. Ce n'était pas assez pour l'ambition paternelle. Vers l'âge de quinze ans [1], on l'envoya à Anvers apprendre l'allemand et l'arithmétique. Deux ans après (Odes III, 10) nous le trouvons à Louvain étudiant le droit canonique, puis à Arras, s'exerçant aux luttes du barreau. Mais pourquoi ces voyages à Malines, à Bruges, au Quesnoy, à Tongres, à Maëstricht, etc. ? (Silves II, 11). Cependant il fit des études de droit assez sérieuses pour être reçu docteur à Douai. Son père croyait être arrivé au comble de ses vœux et espérait posséder enfin et garder près de lui son fils aîné. Mais déjà Simon suivait une autre carrière. « Les déesses de la Scarpe le voyaient chercher des vers nonchalamment couché

[1] Conf. Odes I, 7 ; Épitaphes I, 21 ; et Odes III, 10.

dans les grottes douaisiennes » ; il fuyait le barreau et ses clameurs (Silves XII, 98) ; il se livrait à la poésie, il était perdu.

La responsabilité en retombe assurément sur le savant Balinghem. C'est Balinghem qui lui inocula le poison (Silves II, 11 ; XII, 98). D'ailleurs l'épidémie régnait tout autour de lui. A Anvers, à Louvain, à Douai, il y avait des académies de poëtes et surtout de poëtes latins. Enfin à Saint-Omer même, dès son enfance, on l'avait poussé dans cette voie et il y trouvait un public qui l'enivrait de ses applaudissements.

Il y avait alors, autour de Gérard d'Haméricourt, à la fois évêque et abbé de Saint-Bertin, toute une pléïade de Virgiles au petit pied. C'étaient les maîtres du nouveau collége fondé vers 1561. C'étaient aussi les élèves les plus brillants, encouragés par l'exemple de leurs maîtres [1]. Tout ce petit monde, dont

[1] Ceux qui désireraient avoir une idée de ces poésie de collége peuvent lire dans le tome X (page 103) des Mémoires de la Société des Antiquaires de la Morinie, une pièce intitulée : « Vœux brûlants de

Gérard était l'âme, scandait et rhythmait incessamment. L'évêque était-il indisposé ? Aussitôt ses tendres nourrissons lui exprimaient en distiques tibulliens leurs vives alarmes. Recouvrait-il la santé ? Toute la garenne des cygnes de Saint-Bertin éclatait en hymnes de joie.

Les premières Silves de Simon Ogier se ressentent de ces inspirations. Voici ce qu'il écrit au docte prélat : « Je prie nuit et jour les triples déesses (les Parques) de te filer la trame d'une longue existence. Sont-ce les reins qui te font mal ? Est-ce la fièvre qui te dévore ? Oh ! reste parmi nous, ne nous abandonne pas encore, je t'en prie ; nous ne pourrions vivre sans toi. Tu es notre père ; tu es pour nous un second Apollon, un autre Mécène revenu sur la terre. Voici que tu transportes sur les frontières de l'Artois l'Hélicon qui

l'église de Saint-Omer, sous la figure d'une nymphe à l'illustrissime et révérendissime seigneur Ladislas Jonnart son pasteur ». On ne saurait blâmer le sentiment qui a dicté ces vers ; mais il est difficile de pousser le ridicule plus loin. Cela cependant était composé au temps de Boileau.

s'y plaît, les lacs d'Aonie et les déesses du Piérus. Sans doute les Artésiens sont illustres et redoutables dans les combats ; ce sont des guerriers ardents, invincibles et magnanimes. Mais leur ardeur belliqueuse n'a rien de farouche, ni de grossier. Ce sont des hommes doux et bons, affables et bienveillants, et leur candeur prudente est sans égale. Aussi les Muses ne leur refusent pas leurs faveurs et leur permettent de s'abreuver aux fontaines d'Aonie. Ah ! si je pouvais être du nombre de ces heureux poëtes et ceindre ma tête de la couronne de Phœbus » !

Ces premiers vers de Simon Ogier sont pleins de facilité et d'une douce tendresse. Il n'est pas encore tout à fait sorti de l'enfance [1], c'est-à-dire de l'âge des illusions. Il ne trouve rien de meilleur que ses compatriotes, rien de plus beau que sa ville natale, et dans cette ville, les riches églises avec leurs tours et leurs clochers, et à l'intérieur leurs

[1] Voir Silves I, 2. Hæc sunt primitiæ studiorum docte meorum, Corneli, Hæc lusi carmina pæne puer.

somptueux ornements, les châssés dorées, les marbres, les peintures. Il est heureux alors de vivre et de vivre en Artois (Silves I, 1). Il n'en fut pas toujours ainsi.

Les guerres civiles et religieuses troublèrent bientôt cette sécurité. Chacun sait quelles révolutions travaillèrent alors l'Europe entière et particulièrement les Pays-Bas. Simon Ogier avait dix-huit ans quand le duc d'Albe arrivait à Bruxelles, avec les ordres sanglants qu'il avait reçus de Philippe II. Peut-être était-il à Louvain en 1567 quand cette Université fut envahie par les agents de l'Espagne, qui en arrachèrent le fils aîné de Guillaume d'Orange, alors âgé de 13 ans, pour l'emmener en Espagne dans les prisons de l'Inquisition, où il resta 28 années. Cependant des flots de sang inondaient la Belgique. L'insurrection se propageait. Les bandes des gueux de la mer et des bois venaient jusqu'aux portes de Saint-Omer porter le ravage et l'incendie.

Dans ces circonstances, Simon Ogier

éprouva-t-il des pertes et des malheurs personnels ? On l'ignore. Ce qui est certain, c'est qu'à partir de cette époque, il est triste, il est inquiet : que se passe-t-il à Saint-Omer ? Il écrit de Douai à son ami d'enfance Jacques Poulain pour avoir des nouvelles (Silves I, 5) et en les attendant, il se console par la poésie. Je crois qu'il composa dès lors sa devise : *Solor Olor*. « Je suis un cygne qui se console ». Le sens de ces deux mots, mais surtout leur assonance, leurs lettres initiales qui sont les mêmes que celles de son nom, ce jeu d'esprit assez frivole, mais qui lui coûta sans doute quelque travail, dut lui plaire singulièrement et il ne manqua pas depuis de mettre au bas de chacune de ses œuvres, comme une signature : SOLOR OLOR.

Ce qui est assez curieux, ce qui marque en lui, du moins à cette époque, un vrai caractère de poëte moderne, plein d'ennui et d'inconstance, c'est que Simon, avec son humeur voyageuse, qui l'écartait sans cesse de sa patric, la regrettait cependant toujours. A peine était-il arrivé à Saint-Omer, qu'il le quittait. A peine avait-il quitté les bords de l'Aa, qu'il éprouvait le besoin d'en chanter les charmes : « O divin Aa, si de ma voix la plus harmonieuse et de mes chants les plus brillants, je n'essayais de te célébrer et de t'arracher à l'oubli, je serais coupable d'un véritable crime et je mériterais d'être flétri du nom d'ingrat »[1]. C'est aussi avec un sincère accent de regret qu'il s'écrie un peu plus loin (Silves II, 11) : « O ma patrie, toi que j'aime beaucoup plus que l'Hèbre roulant des paillettes d'or, faut-il que je n'aie jamais pu te voir pendant douze mois de suite, ni poser une bonne fois le pied sur ton sol aimé » ! Et il ajoute d'un ton mélancolique : « J'ai habité plus d'endroits qu'il n'y a de flots dans l'Océan et d'astres dans les Cieux »[2].

Cette tristesse cependant ne l'empê-

[1] Silves II, 1. Cette pièce a été traduite en vers français par M. Courtois.

[2] Voici le latin : Quid numero Oceani fluctus et sidera cœli ? — Plura loco incolui.

chait pas de commenter et d'imiter ces poëtes grecs souriants, gracieux et légers, dont Anacréon est le type. Voici, de la même époque de sa vie, une épigramme qui contraste fort avec ces grands airs de tristesse. Elle est adressée à Daphné : « Si j'avais un vœu à former, lui dit-il, ce ne serait ni d'être riche comme Midas, ni puissant comme César, ni même poëte comme Homère. Je voudrais simplement être ton miroir, ô Daphné. Car alors au lieu de me fuir comme tu le fais et de te dérober à mes regards, tu ne cesserais de fixer sur moi tes beaux yeux » [1]. L'abbé de Saint-Bertin lût-il cela ? S'il le lut, il est probable qu'il ne fit que sourire. Simon Ogier n'avait alors guère plus de vingt ans.

Mais soudain voici que notre poëte redevient tragique et désespéré. Il nous déclare (Silves II, 11) que le séjour de l'Artois lui est insupportable. Comment

[1] Silves II, 7. Il est à remarquer que les poëtes de la Renaissance réussirent presque toujours dans le genre anacréontique. Comparer l'ode à Cassandre de Ronsard, l'Amour piqué, le Chevreuil, etc.

vivre au milieu de ce peuple révolté ? Sans doute l'antique Sithieu est restée fidèle au bon parti (Silves I, 9) et aux « rites de la religion romaine », et Simón en est fier. Mais plutôt que d'entendre autour de lui les clameurs et les bruits de cette guerre insensée, il ira, s'il le faut, en Amérique, aux Indes, au bout du monde. Une occasion se présenta d'aller en Italie. Il ne put résister à la tentation. Laissant là parents et amis, il part au mois de juillet 1574. Il avait vingt-cinq ans accomplis. (Charisteria, 1).

DEUXIÈME CHAPITRE

(1574-1584)

Un songe. — Les Caétans. — Simon Ogier en Italie. — Ses fonctions diverses. — La saint Nicolas. — Discussions littéraires. — Un manuscrit d'Ennius. — Quel est l'auteur des comédies de Térence ? — Erreurs et vérités. — Excursions et voyages. — Une villa italienne. — L'eau et le vin. — A Vérone. — Laure et Ronsard. — Retour à Rome. — Dans les Abruzzes. — Créanciers et débiteurs. — Jehan Ogier. — Souvenirs d'Artois.

Au cinquième livre des Silves (Silv. 10), Simon Ogier raconte un songe qu'il a eu. Un jour, nous dit-il, je lisais et j'admirais Homère lorsque tout à coup un serpent affreux se mit à ma poursuite. Mais Camille Caétan, sous la forme d'un aigle, m'a sauvé de ses atteintes. Cette allégorie est assez transparente. Ce serpent, c'est la guerre, et Camille Caétan en a sauvé Simon en l'emmenant en Italie, pour être le précepteur de ses neveux, les fils d'Honoré Caétan, duc de Sermonetta et chevalier de la Toison d'or. Camille Caétan, légat du pape dans les Pays-Bas espagnols, accueillit probablement Simon Ogier sur la recommandation de Gérard d'Hamércourt. Ce qui est certain, c'est que le poëte audomarois lui plut et qu'il lui accorda même son amitié. Du moins Simon emploie à son égard les expressions de la plus vive tendresse (Silves V, 5).

Les Caétans ont une place dans l'histoire. Ils sont célèbres par leur zèle catholique et le plus connu d'entre eux Henri Caétan, cardinal et camerlingue, légat du pape à Paris, devint un des chefs les plus ardents de la Ligue et du parti Espagnol. Tel fut le milieu dans lequel Simon vécut alors. Dès son arrivée à Rome, après avoir salué la ville aux sept collines (Silves III, 1) il se recommande aux libéralités du pape Grégoire XIII (Silves III, 5), protecteur des lettres et des arts et que les Italiens appelaient « le bon compagnon ». Il essaie de se glisser dans la clientèle du cardinal Guillaume Sirlet (Ibidem, 4). Enfin nous le trouvons en rapports avec le fameux érudit Marc-Antoine Muret (Ibidem, 1) dont les mœurs étaient douteuses, mais dont le latin était irréprochable et qui avait fini par trouver à Rome une sécurité que la France plus scrupuleuse lui refusait.

Là encore se trouvaient Carga, Adamus, Pietro degli Angeli, tous poëtes latins, plus célèbres que Simon Ogier. On lisait ses vers cependant et il avait l'adresse de les faire désirer. « Que voulez-vous ? disait-il, les désastres de ma patrie et les tumultes de la guerre me font tomber la plume des mains ». Il est à remarquer aussi que ses poésies de cette époque sont d'une facture plus classique et mieux soignée que celles qu'il composa plus tard de retour en Artois. Il ne s'y permet jamais les extravagances de mauvais goût que nous aurons à signaler. C'est que son public est délicat et a l'oreille plus fine.

D'ailleurs ses fonctions de précepteur n'étaient point une sinécure. Le mot même de précepteur est peu juste. Il était plutôt répétiteur ou professeur, et allait d'une maison à l'autre, tout en restant attaché particulièrement aux Caétans [1]. « Si je veux vivre, écrit-il à Céruti, et me procurer les commodités de la vie, il me faut supporter nuit et jour de nombreuses et grandes fatigues ». Et d'abord il n'est pas libre ; il doit subir la volonté et le caprice de ses patrons et les suivre « partout où Borée entraîne leur navire ». L'un demande qu'on lui explique Virgile, un autre Lucrèce. Celui-ci préfère les vers d'Homère et les écrivains d'Athènes. A celui-là il faut enseigner la prosodie latine et montrer « la route qui conduit aux sommets du Parnasse ». A un cinquiè-

[1] Il est juste d'ajouter que c'est à Vérone, quand il est l'hôte de l'évêque Valeri, qu'il se plaint d'être ainsi surchargé de besogne, et d'avoir besoin de gagner sa vie (Silves IV, 21).

me, c'est l'art d'écrire une lettre en latin élégant et pur qu'il faut enseigner. « Il en est même quelques-uns qui veulent que j'explique dans un style clair et facile les éléments des lois sacrées », c'est-à-dire le catéchisme.

En vérité l'on est plus d'une fois tenté de se demander pourquoi il ne s'est pas fait prêtre. Peut-être serait-il devenu chantre comme son ami Poulain. On voit ici qu'il remplissait parfois des fonctions presque ecclésiastiques.

Ce n'est pas tout. On avait encore recours au talent et à la plume de notre factotum quand il s'agissait de composer quelque belle harangue pour une cérémonie solennelle. C'est ainsi qu'on lui demanda d'écrire pour Alexandre Janutius le discours que celui-ci devait prononcer devant ses camarades à l'occasion de la saint Nicolas. C'était à Legnago, le 6 décembre 1577. Simon Ogier, tour à tour poëte ou prosateur selon la circonstance, fit apprendre au jeune patricien un petit sermon d'un latin élégant, mais dont les idées enfantines dépassaient un peu les bornes de la naïveté permise. Qu'on en juge par cet exemple : « Admirez, s'écriait Simon par la bouche de Janutius, admirez la piété précoce de saint Nicolas. Étant encore à la mamelle, il jeûnait deux fois par semaine ; le mercredi et le vendredi il ne recherchait qu'une fois, et cela le soir, le sein de sa nourrice ! » (Semel duntaxat id que vesperi mammam nutricis appetebat). Cela se passe de commentaires. En vérité Simon Ogier eut une heureuse idée quand vingt-cinq ans après, trouvant ce discours au fond d'un tiroir, il le publia.

Il faut aussi ranger, parmi les occupations presque quotidiennes du poëte à cette époque, les discussions ou conversations littéraires. Chacun sait qu'elles tinrent une grande place dans la littérature du XVIe siècle. En Italie surtout on discuta beaucoup sur l'antiquité retrouvée, sur le mérite relatif des grands écrivains. Simon Ogier avait-il une opinion ? Assurément, et nous la ferons connaître ; mais il n'allait pas jusqu'à oser contredire ses nobles patrons, ceux qui le nourrissaient et lui garnissaient la bourse. Dans son Tibulle, sorte de dissertation dédiée plus tard au sire de Blendecques, Édouard de Lens : « Je laisse à chacun son jugement libre, dit-il, et je changerai d'avis moi-même si cela peut vous faire plaisir, et je chanterai volontiers une palinodie (palinodiam non illibenter cantabo).

Au début de la Renaissance, dans la première ferveur du zèle classique, on était Cicéronien, Virgiliophile ; on poussait même ces cultes jusqu'à un certain point d'excentricité, témoin le cardinal Bembo avec ses huit ou neuf portefeuilles successifs, où venaient se déposer ses phrases cicéroniennes, selon leur degré d'épuration. A l'époque de Simon Ogier, on était un peu blasé sur le siècle d'Auguste. On préférait ouvertement Catulle à Virgile : « Celui qui lira l'Épithalame de Thétis et de Pélée préférera sans hésiter l'élégance et la douceur de Catulle aux charmes de Virgile et estimera le poëte de l'Adige plus que celui du Mincio (Tibulle) ». Ailleurs, notre audomarois pousse l'irrévérence encore plus loin. Dans une de ses dédicaces (Albert et Isabelle) il appelle Virgile « l'heureux petit singe d'Homère ». Il est vrai qu'il ajoute aussitôt « c'est le petit-fils que je voulais dire ». Cela ne rappelle-t-il pas ces vers connus du fabuliste :

> A ces mots l'animal pervers,
> (C'est le serpent que je veux dire)...

Il y a de plus dans le latin un jeu de mots que nous ne pouvons traduire : Virgilium Homeri felicem simiolum (dicere volui filiolum).

Voici d'ailleurs l'état exact de l'opinion littéraire en Italie à cette époque, et c'est Simon Ogier qui nous l'apprend : « Ceux des poëtes latins que les Italiens estiment le plus aujourd'hui (Silves XI, 21) à cause de leur élégance et de l'éclat du style, c'est le comique Africain, c'est Lucrèce l'amant de Lucilia ; c'est Catulle et Tibulle. Leur langage pur, brillant, élégant, a une délicieuse saveur latine ». « On ne néglige pas cependant; ajoute-t-il plus bas comme correctif, les poëtes du siècle d'Auguste ». Simon Ogier reconnaît lui aussi un certain mérite à Virgile ; mais il le trouve inférieur à Ennius. (Dorica castra).

Ennius, voilà un poëte ! « Rien n'est plus splendide, rien plus brillant, rien plus pur que cet écrivain admiré d'Adrien... C'est l'Homère des Romains... C'est le Jupiter Optimus Maximus de la littérature latine... Toute l'élégance, tous les charmes qu'on admire dans Virgile et Lucrèce, ils les doivent à Ennius, père le plus saint et le plus grave et le plus docte et le plus ingénieux et le plus poli et le plus soigné de tous les poëtes romains ». On voit que Simon Ogier ne lui marchande pas les éloges. Malheureusement il n'avait pu lire cet auteur qu'il loue tant. Des ouvrages d'Ennius il ne reste que quelques vers. Le reste est perdu. Fait curieux : Simon Ogier pouvait peut-être les sauver, et il ne l'a pas fait !

Voici dans quelles circonstances.

Il était alors à Vérone, logé chez l'évêque de cette ville, devenu depuis le cardinal Valeri. Il avait une petite chambre donnant sur la vallée de l'Adige [1]. La vue dont il jouissait de là était délicieuse, vraie perspective de poëte. Il avait en face de lui les belles eaux du fleuve, une large vallée et à l'horizon des collines couvertes d'oliviers. Sur ces collines se dressait la riche abbaye de Saint-Léonard. « Là, nous dit-il, on va voir une bibliothèque remplie des livres les meilleurs et elle attire à elle les pas et les yeux d'une foule de personnes à cause de son antiquité et de sa célébrité. Là, on conservait religieusement un Ennius complet, à ce qu'on dit, car je ne l'ai pas vu, et malgré mon désir, je ne sais par quelle fatalité, je n'ai pas eu le bonheur de le voir. Il avait des gardiens assidus, de peur qu'on ne le volât ». Un beau jour cependant le précieux manuscrit disparut et de-

[1] Tous ces détails se trouvent dans le Dorica castra.

puis on n'en a plus entendu parler. Cela irrite Simon. Il s'écrie : « Ainsi donc Apulée subsiste, ce mauvais latiniste ! il a été conservé et Ennius est perdu ! » Mais, malheureux Ogier, pourquoi ne vous êtes vous pas assuré de l'existence du manuscrit ? Qu'est-ce qui vous a empêché, s'il existait, d'en prendre copie ? Cent pages d'Ennius, conservées par vous à la postérité, rendraient votre nom plus illustre que ne l'a fait tout le reste de vos élucubrations. Si vous étiez un vrai grand poëte, Simon Ogier, si vous aviez reçu en naissant l'étincelle sacrée, vous auriez pu obtenir, soit de l'évêque, soit des cardinaux vos amis, soit du pape lui-même, la clef de cette bibliothèque fameuse, que tant de monde allait visiter. Vous auriez tout fait pour sauver de la destruction l'œuvre d'un grand poëte. Vous vous êtes contenté de combler de superlatifs un auteur que vous ne connaissiez pas. Encore une fois il vous manquait le feu sacré.

Une autre opinion littéraire, qui fut

aussi à cette époque l'objet de grands débats, est celle qui attribuait à Scipion la paternité des comédies de Térence. Simon Ogier partage entièrement cet avis et la raison qu'il en donne est curieuse à noter parce qu'elle nous montre assez clairement les bornes de son esprit. Selon lui, Scipion doit être l'auteur de ces comédies, parce que Scipion est un noble, tandis que Térence n'est qu'un affranchi. « C'est la foule des sots et des ignorants qui attribue faussement à un esclave africain, à un génie servile, ces écrits vraiment romain, ces œuvres précieuses ». (Eloges III, 12). Le raisonnement ne nous semble pas concluant et nous sommes avec les sots et les ignorants contre le poëte audomarois.

Il a parfois cependant des idées très justes. Ainsi l'on trouve chez lui une réfutation vraie et sensée des critiques qui reprochaient à Homère de n'avoir pas achevé l'Iliade. Il a très bien compris le sujet des deux poëmes attribués au vieux chantre ionien. Je lui sais gré d'aimer Homère et d'en faire sa lecture favorite. « L'Iliade est le Parnasse, s'écrie-t-il, et l'Odyssée est l'Hélicon ». (Dorica castra)..

Mais à côté de ces vérités, je dois signaler quelques erreurs. Il pense par exemple, sur la foi d'Aristote, que le Margitès est d'Homère, et, ce qui est beaucoup plus grave, il croit pouvoir se permettre dans la métrique latine les licences autorisées chez les Grecs. Il soutient cette thèse assez singulière que les lourds spondées ont autant de grâce que le dactyle léger, et qu'il est permis parfois de se dispenser de la césure.

C'est que Simon Ogier, malgré sa science des langues classiques, n'avait pas l'idée de leurs différences et ne comprenait pas leur génie particulier. Ce qui était vrai du grec lui paraissait pouvoir s'appliquer au latin, comme au français, et réciproquement. Il lui manquait surtout le sentiment de l'harmonie et des rhythmes différents. Il confondait tout et nous le verrons appliquer au latin toutes les règles de la versification française, comme d'autres écrivains de la même époque voulaient appliquer au français les lois de l'hexamètre virgilien. Ces erreurs nous semblent graves aujourd'hui : elles étaient alors celles de tous. Elles ont contribué pour beaucoup à la chute de la Pléïade et l'on reproche encore à toutes ces muses d'avoir « en français parlé grec et latin ».

Quand Simon Ogier avait achevé sa journée de répétitions, d'explications et de dissertations, il se reposait dans la poésie. « C'est à cette époque surtout, dit-il, que j'avais affaire avec la cithare et la lyre, et dans cette période, qui fut la plus heureuse et la plus sereine de ma vie, j'écrivis avec la plus grande satisfaction, beaucoup de vers et beaucoup de prose ».

Il regretta toujours ces heureux instants et plus tard, quand il revenait sur ce chapitre, il était intarissable : « Je suis chez les Lotophages et avec les sirènes : je ne puis m'en arracher ». (Dorica castra).

Cependant qu'on n'aille pas s'imaginer que, pendant ces dix années passées en Italie, Simon Ogier eût toujours une existence calme et monotone. Ce n'était alors ni dans ses goûts, ni dans ceux de son entourage. Les promenades étaient quotidiennes, les excursions fréquentes : il fit même de grands voyages, et courut de nombreux périls qui l'effrayaient sans l'arrêter.

Un jour qu'il se promenait dans les environs de Rome, près des eaux jaunes du Tibre, il faillit être dévoré par des chiens. Et il rappelle à ce propos que ce fut le sort d'un grand poëte tragique, Euripide. Simon Ogier a donc failli, sous un rapport, ressembler à Euripide. Il a vu, nous dit-il, la dent de ces molosses mettre en pièces un jeune homme à quelques pas de lui. Vingt ans se sont écoulés depuis ce jour, et il ne l'a pas oublié. (Élégies chrétiennes II, 9).

On l'invite à se rendre dans le nord l'Italie. Son imagination s'enflamme aussitôt à l'idée de traverser le pays des vieux Sabins, le Clitumne aux blancs troupeaux, l'Ombrie, le Picenum, de se prosterner un instant aux pieds de Notre-Dame de Lorette, puis de franchir le Métaure, le Pô, l'Adige et de voir Venise ! « Adieu, rives du Tibre, je ne serai pas longtemps absent ; je reviens aussitôt. Rives du Tibre, adieu ». Silves III, 7).

Nous le retrouvons à Vérone admirant le superbe palais d'Alphonse Morand. (Silves IV, 2). C'était bien une de ces villas italiennes, dont parle Michelet, si supérieures par l'art aux châteaux de la féodalité. « C'étaient partout des portiques, des statues d'albâtre ou de porphyre, de mignons fenestrages, un luxe éblouissant d'étoffes, de belles soies, de cristaux de Venise à cent couleurs ; d'exquises recherches, partout l'agrément et l'utilité : caves variées, cuisines savantes, lits profonds de duvet, tapis de Flandre... Des terrasses aériennes, des jardins suspendus, des vues diversifiées à l'infini ». La description de Simon Ogier confirme pleinement cette idée. Plus fastidieux que l'historien, parce qu'il est moins poëte, il délaie, il s'étend à l'infini ; il énumère tous les fruits de ces jardins, toutes les fleurs de ces parterres. Il compte les volatiles, les chiens, les faucons et les abeilles. Mais il a ressenti lui aussi l'impression de calme et de paix que Michelet exprime si bien dans ces derniers mots : « Puis l'idylle du ménage des champs aux jaillissantes eaux. des fontaines de marbre, le cerf avec la vache y venant le soir sans défiance, de grands troupeaux au loin en liberté ; la fenaison ou les vendanges, une vie virgilienne, de doux travaux, un *soave austero* ».

La morale rigide et puritaine de notre audomarois dut s'adoucir un peu sous ce soleil, dans ce milieu autrement chaud et vivant que celui des Moërs de l'Aa. Dans le Nord il s'était proclamé à plusieurs reprises buveur d'eau et ennemi juré du vin. (Silves II, 2, 4, 8). Il le déclarait à son frère Allard, à son autre frère Gilbert, à Antoine Théobald, son neveu. « Celui qui a planté la vigne, disait-il alors, l'a arrosée du sang de tigre, de porc, de brebis et de singe ». En Italie, il change de langage. Un jour Frédéric Céruti, poëte fort en vogue à Vérone, et ami de Simon, lui envoya quelques bouteilles de vin. « O Frédéric, lui répond-il (Silves IV, 19), la liqueur de Bacchus que tu m'as envoyée hier soir, m'a tout d'un coup rendu poëte. A peine ce vin généreux eut-il humecté le gosier de ton ami Simon que sa verve s'épancha en vers innombrables. Aussi je ne veux plus désormais m'abreuver aux sources limpides de Castalie ; tu as chez toi une boisson plus inspiratrice que l'onde pure du dieu de Claros ». Plus tard, il alla même jusqu'à goûter à l'absinthe. Mais comme il en eût la fièvre toute une nuit, il jura bien de n'y plus toucher. (Silves XII, 63).

La société qu'il fréquentait à Vérone était assez mêlée. C'étaient d'une part de pieux évêques, comme Augustin Valeri et Jean Dauphin, le préfet de Vérone et la haute noblesse du pays ;

c'étaient d'autre part des poëtes, des avocats comme ce Jean Lisca qui, prenant une voie contraire à celle de Simon, déserta les muses pour suivre Thémis ; c'étaient enfin des jeunes gens riches, grands chasseurs, comme cet Albert Lavezola et ce Frédéric Thymoléon, auxquels Simon donne des conseils assez curieux. Notre poëte, qui les connaît bien, leur signale les dangers auxquels ils s'exposent, en courant les aventures : « Prenez garde au sort d'Actéon, disait-il au premier, et ne poursuivez pas trop Diane ». (Silves IV, 9). « Les belles nymphes des eaux et des bois vous retiennent, écrit-il à l'autre, défiez-vous des faunes jaloux. Revenez vers nous et cessez de poursuivre les divinités rustiques ». Le sens des vers (Silves IV, 12) est clair et l'on y voit très bien à quel genre de chasse ces jeunes gens s'adonnaient. Simon les avertit paternellement, ce qui ne l'empêchait pas de mener avec eux une vie assez joyeuse. Souvent on montait en voiture et l'on allait à la campagne.

Parfois le cocher était ivre et vingt fois manquait de les verser. (Silves IV, 13). Bah ! Simon jurait ses grands dieux qu'il choisirait une autre fois un cocher, moins semblable à Elpénor, et l'on repartait à quelques jours de là pour une autre excursion. On montait en barque : les voilà au milieu du Pô ; la barque prenait l'eau, nouveau danger dont on ne triomphait pas sans peine, émotions douces au souvenir. (Élégies II, 9).

A cette époque tout était en liesse autour de Mantoue et dans la Vénétie. Vincent de Gonzague, prince de Mantoue, épousait Eléonore de Médicis, sœur aînée de Marie de Médicis. Tous les poëtes taillèrent en l'honneur du nouveau couple leurs plus belles plumes d'oie. Simon Ogier ne se déroba pas à ce tournoi et nous avons son Épithalame. (Silves IV, 8). Il y imite Catulle, dépeint le lit nuptial, vante beaucoup les deux époux qu'il ne connaît guère et leur souhaite une nombreuse postérité. Il ne se contenta pas de cet Épithalame : c'était la pièce de résistance ; mais on trouve à côté plusieurs madrigaux en l'honneur de la jeune princesse. Simon Ogier composant des madrigaux ! Lui ! se déclarant presque fou d'amour ! (Silves IV, 10, 11). Il l'appelle Laure et la préfère à la Laure de Pétrarque. Il en fait l'apothéose sur le ton de Virgile célébrant Daphnis, et lui souhaite de ne jamais vieillir.

Ronsard, sur ces entrefaites, arrive à Vérone. Simon Ogier, qui le voit, qui lui présente ses hommages et l'appelle le Jupiter des poëtes, lui adresse quelques vers en l'honneur de sa déesse. « Si tu avais vu Laure, ô Ronsard, c'est alors que tu aurais pu dire avec vérité : Dès que je la vis, aussitôt je devins fou d'amour ». Et il engage Ronsard à payer lui aussi sa part d'éloges à la princesse. Les deux poëtes ne paraissent pas avoir eu d'autres rapports. A cette époque Ronsard était dans tout l'éclat de sa renommée. Encensé de toutes parts, remarqua-t-il seulement, au milieu de sa gloire, cette planète de 8e grandeur appelée Simon

Ogier ? Il est permis d'en douter.

Cependant les Caétans le rappelaient à Rome. Notre poëte ne voulut pas partir avant d'avoir visité la Vénétie. Le voilà monté à cheval : il veut longer d'un bout à l'autre ce littoral incertain, où la terre se confond avec les flots. Le ciel se couvre de nuages noirs, rien ne l'arrête. La tempête éclate, le vent pousse les lames sur le rivage, et le cheval risque d'être balayé avec son cavalier. Si la ville de Saint-Omer courut le danger d'être privée de son poëte, ce fut ce jour-là. Il ne dut la vie qu'à la vitesse de son cheval. (Silves IV, 20 ; Élégies II, 9).

Simon Ogier laissait à Vérone de nombreux amis. L'un d'eux Antoine Tonial l'accompagna à son départ le plus loin possible. Et quand il fallut se séparer, il suivit longtemps du regard le poëte qu'il aimait. (Silves VI, 11). Le voyage n'était pas sans dangers. Des brigands infestaient les routes. On parlait à Simon de voyageurs dévalisés et assassinés. Horreur ! il crut voir des traces de sang sous les pas de sa monture. (Silves V, 2). Cependant il atteignit sans encombre le palais des Caétans et il l'écrit à l'évêque de Vérone qui lui avait demandé un billet dès son arrivée.

Les Caétans se partageaient entre Sermonetta et Rome, selon les saisons et les nécessités de la politique. Simon Ogier les suivait dans ces voyages, heureux de parcourir ce Latium célébré par Virgile, de voir les monts Albains, Cisterne, Cora, Ufens, Satura, malheureux d'autre part parce qu'il fallait alors se séparer de Camille Caétan. (Silves V, 5). Parfois les élèves de notre poëte, qui étaient devenus des jeunes gens ardents et impétueux, l'entraînaient, dans leurs chasses, jusqu'au fond des Abruzzes. (Silves V, 8). Simon Ogier se plaint alors d'être obligé de se lever avant que le dieu de Délos ait répandu sur la terre ses premiers rayons. « Moi, poëte, je deviens chasseur, quelle métamorphose ! J'écris à cheval ; je mène la vie d'un soldat, d'un familier de Diane, moi, Simon ! »

Assurément je comprends que notre audomarois ait toujours regretté le temps heureux qu'il passa dans ces beaux pays. Mais le tableau a des ombres et dans cette poésie nous trouvons de la prose. Simon Ogier se plaint toujours de manquer d'argent. « Faulte d'argent, c'est douleur non pareille », dirait-il s'il parlait français. Mais son latin n'est pas moins expressif. « Heureux Virgile ! Il n'est pas étonnant que tu aies fait de beaux vers, tu avais le sac [1] (æs erat in loculis) ; tu te levais quand tu voulais, ta couche était molle, ta table bien servie. Mais aujourd'hui les Muses ne sont plus accueillies avec la même faveur. Philargyria (Amour d'Argent) sévit dans tout l'Univers.... L'aigle ne peut voler sans aile ; le poëte ne peut chanter sans argent. (Silves IV, 22 ; III, 5)..... Comment veux-tu que je sois inspiré ? écrit-il à un autre, ma patrie est dévastée et je

[1] Nous employons a dessein cette expression triviale. C'est un des caractères du style de Simon Ogier, qui n'est pas toujours noble, il s'en faut.

n'ai pas le sou dans ma poche ». (Silves IV, 18).

Il a certainement emprunté de l'argent à Céruti (Silves VIII, 12) et à Marc-Antoine Gratien (VI, 8). Le détour qu'il emploie envers ce dernier pour arriver à ses fins est assez ingénieux. « Je t'ai vu en songe la nuit dernière, lui dit-il, tu m'apportais de la part de mon père une bourse pleine d'or et de diamants. Je t'en prie, réalise ce songe ; rends-moi véritablement les dons que j'attends de mes parents ». Comme dernier et irrésistible argument, arrivent les petits cadeaux. « Je te donnerai un évangile, des vers flatteurs, deux couples de pigeons et une bouteille de vin ». J'ignore quel est celui de ces présents qui toucha le plus le cœur de ce Marc-Antoine ; mais l'assemblage est assez disparate. Cela peint Simon Ogier.

Ce même Graziani eut dans ce temps-là le malheur de perdre sa mère. Notre poëte lui composa une consolation que je signale parce qu'il me semble y rencontrer un écho de Villon. « Où est maintenant Léda ? où Danaé, et l'épouse de Céphée, et Alcmène, mère d'Hercule, et Tyro, et Chione, et la belle Hélène ? » Il n'y manque que le refrain poétique : « Mais où sont les neiges d'antan ? » Simon Ogier n'est pas aussi étranger qu'on pourrait le croire à la littérature française. (Silves IV, 16).

Quant à cette pauvreté, dont il se plaint, elle n'était que relative et momentanée. Il ne semble pas en avoir souffert ordinairement. Protégé et pensionné, il était assez riche pour devenir à son tour protecteur et bienfaiteur. Même avant son départ pour l'Italie, nous le voyons encourageant par de bonnes paroles le jeune Jehan Ogier, son parent, à se livrer à la poésie et à rendre illustre le nom qui leur était commun. (Silves I, 9). Il fit plus ; il l'appela en Italie auprès de lui, vers 1581. Ils passèrent trois ans ensemble et Simon, quittant Rome, laissa à son jeune ami le mobilier et les livres qu'il ne pouvait emporter. Malheureusement Jehan n'avait pas la santé robuste de notre poëte. Le climat romain lui fut fatal : il mourut avant d'avoir atteint sa 25e année, et la bibliothèque fut vendue pour payer les frais de l'enterrement. (Épitaphes I, 23).

Jehan, plein de cœur, se montrait certainement reconnaissant ; mais d'autres protégés de Simon furent des ingrats. Or Simon faisait profession de détester ce vice particulièrement. Il se vengea par la satire, l'arme du poëte (Silves VIII, 13) : « Si tu ne m'avais pas trouvé à Rome, tu aurais péri rongé des vers. Je t'ai donné des vêtements, un lit, de l'argent et maintenant que par mon travail, je t'ai fait des loisirs, tu m'insultes ! Ingrat ! »

Une autre pensée que celle du besoin d'argent tourmentait encore l'esprit de notre poëte. Il n'avait pas oublié sa patrie au milieu des délices de Capoue, et l'eût-il oubliée un instant, il recevait de Saint-Omer des lettres qui renouvelaient sa tristesse. (Silves IV, 2). « Voilà quinze ans que Mars exerce ses fureurs sur les campagnes de la

Morinie. Mes frères, mes sœurs si douces, mon père, ma mère que j'aime tant, vivent-ils encore ? Je ne le sais. Naguère, ils buvaient dans des coupes d'or ornées de perles et se reposaient dans des lits somptueux ; aujourd'hui, peut-être ont-ils des fers aux pieds et aux mains, peut-être sont-ils gisants dans d'affreux cachots. Et vous voulez qu'au milieu de ces malheurs et de ces inquiétudes, je sourie aux Muses et chante sur la lyre ! »

Ce n'étaient pas là de vaines paroles. La Flandre était tout en feu. Le duc d'Anjou était nommé duc de Brabant à Anvers et comte de Flandre à Bruges. A cette nouvelle, le prince de Parme marchait contre les rebelles. Ypres et Bruges étaient pris. Balthazar Gérard assassinait le prince d'Orange. Gand capitulait. Malgré ces désastres, l'insurrection toujours vaincue se rallumait partout. Simon Ogier recevait lettres sur lettres. Son père et sa mère le rappelaient. Ils étaient vieux, ils étaient malades, ils voulaient avant de mourir revoir leur fils aîné. (Silves V, 11). Il fallut partir. Ce ne fut pas sans douleur. Dans la pièce qu'il envoie alors à Henri Caétan, il se compare aux compagnons d'Ulysse obligés de sortir du pays des Lotophages, et il s'écrie avec un accent de véritable émotion : « Et qui pourrait quitter avec joie l'Italie ? »

TROISIÈME CHAPITRE

(1584-1585)

Brigands et moustiques. — Les Toniali. — Départ de Vérone. — Les harpies de Lyon. — Les tempêtes de la Loire. — Orléans et Paris. — Retour à la maison. — Premières visites. — Nouvelles guerre. — Vision effrayante. — Regrets de l'Italie. — Tentatives pour la revoir. — Les pluies d'été. — Le nouvelliste et le poëte. — Etat politique des Pays-Bas en 1585. — Prise d'Anvers. — Irène et Arès. — Guerriers, prélats et poëtes. — Idées de croisade. — Simon Ogier, Victor Hugo et Byron.

Simon Ogier à son retour devait passer par Vérone. Cependant ses amis, qui l'attendaient, ne le voyaient pas venir. Qu'était-il donc arrivé ? On se le demandait avec inquiétude lorsque Georges Martelli reçu des nouvelles du poëte

(Silves VI, 3). Il était bloqué dans une petite ville de Toscane. Voulant voir en passant un sculpteur de ses amis, il s'était écarté de sa route. Mais une fois entré à Urbevetano, il lui parut impossible d'en sortir (VI, 1, 2). Les brigands occupaient tous les chemins ; la terreur régnait dans le pays, son hôte l'engageait à attendre. Il s'y résigna, mais non sans pester, surtout contre les moustiques dont la ville était infestée et qu'il appela, pour se venger de leurs morsures « les noirs escadrons, fléau sorti du Tartare ».

Enfin il put s'échapper, traversa l'Apennin, salua en passant les Muses de Bologne (Silves VII, 1) et arriva dans la ville où il était impatiemment attendu. Il se faut pas s'étonner s'il y séjourna environ trois mois (Ibidem commoratus tres plus minus menses). Il trouvait là nombre de poëtes et de généreux amateurs de poésie : c'était le savant juriste Stridoni, Albertini de Pozzolengo, le doux Rato, Le Guide, vrai guide de vertu (style de Simon

Ogier), Fumani, Toccoli, grand chasseur de sangliers, Duchâtel, Martelli, vénérable Nestor, Céruti enfin et surtout l'évêque Valéri, tout brillant de la pourpre romaine dont il venait d'être revêtu (VI, 3). Les Toniali surtout le retenaient à Vérone, nous avons vu avec quelle affection l'un d'eux quelques années auparavant avait accompagné Simon Ogier retournant à Rome (en 1577). Ce jeune homme se mourait. Avant de quitter la Vénétie, notre poëte assista à ses funérailles et le célébra dans ses vers (Silves VI, 11). Il fit plus : il avait tant d'obligations à cette famille, qu'il dédia à un Toniali (Jean-Jacques) les six premiers livres de Silves publiés alors à Vérone (1584). On ne manqua pas de donner des éloges à un auteur qui lui-même en était si prodigue. Le poëte Semprevivo pouvait-il critiquer un confrère qui lui décernait l'immortalité ? Bref, ce fut un concert d'applaudissements et Frédéric Céruti, se faisant l'organe de l'opinion publique, composa en l'honneur de Simon, quelques distiques que celui-ci ne manqua pas de faire insérer en tête de l'ouvrage. Céruti compare les Silves de son ami à ces forêts (Silvæ) mélodieuses où mille oiseaux charment les airs de leurs chants variés. C'était de la flatterie.

Simon Ogier quitte enfin Vérone ; passe par Mantoue, Verceil, le Mont-Cenis, Saint-Jean-de-Maurienne et arrive à Lyon (Silves XI, 1). Là il fut la proie de véritables harpies, s'il faut en croire le récit enjoué qu'il envoie à Petro Angeli di Barga (Ombroth. I, 2). A peine avait-il franchi les portes qu'il fut assailli par des gens armés, chargés sans doute de la surveillance. La mine de notre poëte leur parut suspecte. Simon, défiant, de son côté, avait eu le soin de cacher son argent; mais les scélérats, dont la vue était plus perçante que celle de Lyncée, découvrirent la cachette et regardant le petit trésor d'un œil cupide : « Comment ! lui dirent-ils, aucune de vos pièces n'est marquée aux fleurs de lys ! Vous avez des dragons du Pape, des lions de Saint-

Marc, des aigles espagnoles ! Mais savez-vous que la terre de France n'admet rien d'étranger. Au nom du roi, nous confisquons ces monnaies suspectes ». En disant ces mots, ils lui prirent sa bourse et le reconduisirent poliment hors des portes de la ville.

Tel fut le naufrage que fit près du Rhône sa bourse pleine de beaux écus d'or, ces écus que le poëte préfère aux joues de Vénus [1]. « J'en pleurai, ajoute-t-il, et je grossis le fleuve de mes larmes. » C'est peut-être ce qui causa la crue de la Loire où il faillit perdre la vie.

Il venait de franchir au galop cette montagne de Tarare, qui causait à Madame de Sévigné de si vives terreurs. C'était au sortir de Roanne. Le bateau, soulevé par les ondes tumultueuses « tantôt touchait aux étoiles, tantôt descendait jusqu'au séjour des mânes ». Ogier ne savait pas nager et, sans l'aide

[1] Crumena quœ nummis fulgebat aureis
Quos poeta genis præfert venereis
Tale naufragium tulit ad Rhodanum.
(Ombroth. I, 2).

d'Apollon, serait tombé « comme une hache » au fond du fleuve. Fleuve maudit ! s'écrie notre poëte, pourquoi m'en voulais-tu? Pourquoi semblais-tu t'acharner à ma poursuite comme le Xanthe à celle d'Achille ? Que t'ai-je fait ? J'ai toujours aimé l'eau. Ai-je voulu séduire quelqu'une de tes naïades ? Mais non, j'étais fatigué et ne songeais guère à Vénus. La nymphe que j'aime est plus belle que toutes celles de la Loire, c'est la poésie. D'ailleurs, fleuve ennemi des poëtes, n'as-tu pas failli engloutir dernièrement le célèbre Ronsard, l'émule français de Pindare (provocans Pindarum carmine Celtico)? Les dauphins furent plus aimables envers Arion. Puissent donc, fleuve maudit, tes ondes se dessécher et ton cours se tarir à jamais !

A Orléans, il accorde en passant un souvenir à Jeanne d'Arc et reçoit, en sa qualité de docteur, les guirlandes vertes (donor viridibus sertis) qu'il était d'usage d'offrir aux étrangers. Ajoutons que l'Université d'Orléans, au moyen âge, était plus renommée peut-être, pour les études de droit, que Paris même [1].

Simon ne s'arrêta guère à Paris, dont il dérive le nom de celui du Troyen Pàris. A peine le voyons-nous s'agenouiller un instant devant les reliques de sainte Geneviève. Le voilà à Arras. Il touche enfin la terre de l'Artois ; il l'embrasse et verse autant de larmes de joie qu'Ulysse en revoyant sa chère Ithaque (Odes I, 1). « J'arrive donc près des pénates de mes aïeux. Bientôt je verrai les temples dorés de Saint-Bertin et de Saint-Omer. Je verrai mes parents..., et mes fidèles amis seront dans mes bras me félicitant de mon retour ».

D'Arras, passant par Béthune, Lillers et Aire (Silves VII, 1), il put enfin saluer de loin les tours de sa ville natale, saluer la statue de saint Pierre à la porte Brullane (VII, 2-3), franchir cette porte. Ce qui compléta sa joie ce fut de trouver

[1] C'est du moins l'avis de Guillaume de Mâcon, évêque d'Amiens. Il écrivait vers 1286 : « Aurelianenses peritiores in jure quam Parisienses et magis intelligentes ».

son père et sa mère guéris de leurs fièvres, et la paix au pays (Odes I, 2-4). Ses frères aussi étaient en bonne santé. Rien n'était changé dans la maison paternelle et le petit laurier, planté avant son départ (peut-être comme un symbole de gloire), avait grandi, mais il était toujours là (Silves VII, 7).

Simon va voir ensuite ses amis. Il parcourt ces rues de Saint-Omer qu'il n'a pas vues depuis depuis dix ans. Il trouve tout admirable. Il longe les bords de l'Aa les cygnes s'y jouent comme autrefois et sur ces rives pacifiées l'imagination du poëte se représente lesrondes joyeuses des nymphes (Odes I, 2). Il pousse jusqu'à Blendecques pour rendre visite à Edouard de Lens et Blendecques lui rappelle Tibur et son seigneur (Lentius) descend assurément du noble romain Lentulus, venu en Gaule avec César (Silves VII, 9-11).

Il faut que tout le monde reçoive les éloges de Simon enthousiasmé. Chacun y passe en son rang. C'est d'abord le bailli Messire Eustache de Croy, chevalier, seigneur de Ruminghem la Motte-Varnèque ; puis le vaillant capitaine Valentin, les de Crucé, savants théologiens ; viennent enfin des médecins, des poëtes, des avocats, Gérard, Obéron, Legrand (Silves VII, 12).

Ses premières odes ont été composées à cette époque. Une des plus intéressantes est celle (Odes I, 4) qu'il adresse au cardinal Farnèse, oncle du fameux général, qui en ce moment avait la mission de pacifier les Pays-Bas. Simon recommandé sans doute à ce cardinal par les Caëtans, l'avait connu à Rome et il espérait par son entremise arriver à l'oreille du duc de Parme lui-même. Ce calcul réussit, comme nous le verrons plus loin, et Simon Ogier fut un des poëtes officiels de l'Espagne dans la Flandre et dans l'Artois (Voir Irène et Arès).

Cependant partout on l'accueille, on lui fait fête et Pierre Sauvage (Silvagius) l'invite à sa table somptueuse (Silves VII, 5). D'où vient qu'il est triste au milieu de ces gais festins ? Quels sont ces chagrins qu'il n'ose confier à personne ? Il écrit à son ami, Valérien Duflos, de venir le voir (Odes I, 7). Il a quelque chose à lui raconter ; il n'ose l'écrire. Ils se connaissent depuis vingt ans et se sont liés d'amitié à Louvain, où ils étudiaient ensemble les canons de l'Eglise. Simon Ogier voudrait donc le revoir ; mais Duflos ne répond même pas (Odes I, 11). Qu'est-il arrivé ?

Est-ce la nouvelle récente de la mort de Jehan Ogier qui l'afflige ainsi ? Est-ce de ne plus retrouver à Saint-Omer, son second père, son premier protecteur, Gérard d'Hamércourt, mort en 1577 ? Simon n'avait pas manqué de se recommander à ses successeurs Jean Six, évêque de Saint-Omer, et Vaast de Grenet, abbé de Saint-Bertin (Silves V, 3-4). Ils accueillirent favorablement le pieux poëte ; mais ce n'était plus la tendresse de Gérard. Ogier cependant a une autre cause de tristesse.

Autant qu'on peut en juger d'après ses propres aveux, ce qu'il déplore amèrement, ce qui altère la sérénité de son âme, c'est la guerre, qui ne s'était apaisée que momentanément. « Comme l'hiver succède à l'été, ainsi la guerre succède à la paix en Belgique, » écrit-il à l'abbé de Clairmarais (Ombrotherinon I, 4). Il veut aller visiter l'Angleterre, mais les pirates interceptent le passage (Odes I, 13). En Artois (14) le flot de la guerre revient de nouveau. « C'est ainsi que l'on voit l'Océan s'éloigner d'abord du rivage, puis ramener en grondant ses hautes vagues sur les grèves ». Au sud Cambrai se déclare pour la France ; au nord, le Rhin ramène Mars et ses dangers (Ibidem).

Un jour Simon Ogier était assis sur les pentes du bois du Ham, entre l'Aa et les hauteurs de Watten. Tantôt il portait ses regards sur Saint-Omer qui se déroulait à l'horizon, tantôt il lisait pour s'égayer, une page de l'Arioste. Soudain il crut voir venir à lui un monstre effroyable dont le corps était tout hérissé de vipères, sorte d'hydre dont les mille têtes avaient nom Ignorance, Insolence, Impiété, Orgueil, Pillage, Injustice, etc. Peu courageux de nature, Simon Ogier voulait fuir, mais ne le pouvait pas. Il était perdu lorsque tout à coup Homère se présente. Deux femmes l'accompagnent semblables à deux déesses, l'une armée de la lance, l'autre portant la rame. C'était l'Iliade et l'Odyssée. Apollon les a envoyées pour le sauver (Silves VIII, 1). Ce monstre était la guerre. Il lui avait déjà causé avant son départ pour l'Italie un cauchemar analogue. La poésie seule protégeait Simon contre ses atteintes et le consolait de ses douleurs. *Solor Olor.*

Aussi à peine est-il resté quatre mois en Artois que le séjour lui en est devenu insupportable. Il regrette l'Italie et tous les vers qu'il compose alors expriment le même sentiment (Silves VIII, 2, 3, 4, 5, 7, 8, 9, 10, etc). Il en parle à l'évêque d'Arras, au baron des Cuincys, à Muret, à Camille Caëtan. Jean Macaire veut quitter l'Italie : « Reste, reste, lui écrit-il, Rome est la demeure des Dieux ». Il rappelle à Antoine Fournier leurs promenades et leurs excursions, le lac Averne, les parties de pêche dans le Pô, les remparts de Legnago, et les fêtes, et les bons vins. En Artois, on pille les bibliothèques ! (Silves VIII, 11) Pierre de Hesdin revient d'Allemagne, il trouve ses livres dispersés, des Turnèbe ! « Homère, Virgile, Ovide, Properce, Horace, servent peut-être à envelopper des morues et des harengs ! » Simon le console en partageant sa douleur [1].

Heureux Amédée Daniel d'habiter toujours les rives de la Brenta et les collines de Padoue ! Heureux Céruti d'être dans ce pays où « la table est toujours hérissée de cratères pleins d'un vin délectable et où l'on noie dans le Falerne les soucis les plus amers [2] ». Céruti avait été le Pylade d'Ogier quand il demeurait à Vérone : il était

[1] Le même accident arrivait quelques années auparavant (1575) à Junius Adrien, poète latin aussi et philologue. Il en mourut, tant sa douleur fut grande !

[2] Baccho gratis mensa crateribus horret
Et acerbi luctus Falerno falluntur.
(Odes II, 7).

son ami intime et l'aidait de tout son pouvoir (quibus potuisti rebus exornasti). Simon réveille alors tous ces souvenirs. Que de fois ils ont lu ensemble ou écouté les soirs de printemps, le chant du rossignol (12) ! Il écrit aussi à Camille Caëtan qu'il rêve de Rome et se voit causant et jouant avec lui comme autrefois. Ah ! pourquoi n'est-ce qu'un vain songe ! (18).

Faut-il s'étonner qu'il ait formé le projet de retourner dans cette Italie si regrettée ? « J'ai résolu, dit-il (Odes II, 5), de revenir à la première occasion vers les prés qu'arrrose le Tibre... Ici rien qui plaise à mon cœur (Ibidem, 7). Je fuierai par terre ou par mer » et il souhaite les ailes de Dédale. Il détourne autant que possible les regards des spectacles qu'il a sous les yeux et il évoque tour à tour dans son imagination le Tibre, le Reno, Tibur et le Soracte, le Pô et l'Apennin dont les antres lui semblent un séjour plus agréable que la Belgique (Odes II, 9, 10, 12, 13, 15, 16, 17).

Malheureusement les routes sont interceptées. Valérien Duflos a essayé de s'enfuir ; il a été arrêté, conduit à Bruxelles ; ses bagages ont été pillés et il a dû en outre payer une rançon (Silves VIII, 17). Simon Ogier n'en part pas moins, tant était grand son désir de regagner l'Italie. Il avait déjà dépassé Douai ; mais il lui fut impossible d'aller plus loin (Odes II, 2). Contraint de regagner cette ville, il s'y vit arrêté par les pluies pendant près de trois mois (Dédicace d'Ombrotherinon) : « O quels nuages épais s'amoncellent dans les cieux ! Quelles pluies affreuses ! Est-ce le retour du déluge ? » Ces trois mois ne furent pas perdus pour les Muses. Que faire en effet ? Il n'aime ni le jeu, ni la boisson ; il ne sort que pour aller à la messe. C'est alors qu'il composa ses Pluies d'été (Ombrotherinon), titre assez gracieux et qui rappelle celui de Feuilles d'automne. Il ne parle que du titre.

Ce qui le retient encore à Douai, c'est le nombre de poëtes et d'amis qu'il y trouve (Ombroth. I, 5). Je ne lui manque

que Duflos. Il l'engage à venir. « Il y a là, lui écrit-il, un grand cratère bien brillant et plein des flots rouges et écumeux du vin de Maronée ». Il a perdu d'ailleurs pour l'instant l'idée et l'espérance de revoir l'Italie (Ombroth. I, 6).

On est au commencement de l'année 1585. La ville d'Anvers est assiégée par les Espagnols. Il est curieux de voir Simon Ogier chargé par Henri Caétan de lui donner des nouvelles de la guerre (Ombroth. I, 1). C'est une sorte de rapport où la poésie ne s'introduit qu'à la fin. Simon expose au cardinal que l'Artois, le Hainaut, Namur, la Flandre, excepté Ostende sont alors en paix. Il en est de même du Luxembourg, du Limbourg, de la Gueldre, de la Frise, de Groningue et de la Bourgogne. Mais la Zélande, les Bataves et le Brabant résistent toujours à l'Espagne. Anvers est assiégé, abandonné. Alexandre vient de vaincre sur mer les Bataves. La chute d'Anvers décidera sans doute nombre de villes à capituler.

Ce rapport est évidemment optimiste

et il nous serait facile ici d'opposer Simon Ogier à lui-même. Peut-on dire que la paix existe dans un pays, quand on ne peut aller d'une ville à l'autre sans courir le risque d'être dépouillé et assassiné ? Simon veut dire que les Pays-Bas ne luttaient en bataille rangée que sur quelques points, ce qui était exact ; mais il devait ajouter que les gueux tenaient toujours la mer et les bois, et que les Français leur donnaient la main.

Aussi à la fin de cette lettre, quand le nouvelliste fait place au poëte, c'est le poëte qui est le plus vrai. Il raconte ce qu'il a vu à son retour d'Italie, les villes détruites, les villages brûlés, des nuages de cendre volant dans les airs, et les habitants, fous de désespoir, se frappant la poitrine et se déchirant le visage de leurs ongles (turbam plangentem pectora et ungue fædantem crudeliter ora). Ce sont les guerres civiles qui ont causé tous ces ravages : ici, manquant d'idées originales, il emprunte à Lucain, à Horace, à Virgile leurs plus fortes expressions pour maudire ces luttes fratricides.

Cependant on est au milieu du mois de juillet (1585) et il fait toujours froid, toujours mauvais temps. Août arrive. Tout à coup, la nouvelle se répand qu'Anvers est pris (17 août). Dans sa joie, Simon Ogier s'écrie (Odes III, 10) à peu près comme Horace à la nouvelle d'Actium : « C'est maintenant qu'il faut boire, maintenant qu'il faut danser. » Les Bataves n'ont plus d'espoir que dans la paix. Déjà l'on dit qu'il l'ont demandée (Ibidem 11). C'est alors que Simon Ogier à la hâte (musa pro perante) écrivit son poëme de la Paix (Irène).

Dans cet ouvrage, la Paix personnifiée remercie Alexandre Farnèse de l'avoir délivrée, malgré les machines infernales qui entouraient la citadelle où elle était enfermée (allusion aux fameuses machines de l'italien Gianbelli, imaginées pour la défense d'Anvers). Pourquoi les Bataves resteraient-ils en armes ? La France, déchirée par les guerres civiles, ne peut les secourir. L'Allemagne ne fournit que de rares lansquenets qu'il faut payer, et les Bataves n'ont plus d'argent. Pouvez-vous lutter contre la grande puissance de Philippe II ? Cédez-lui donc. Obéissez à votre roi, au lieu de rester rebelles et hérétiques. Et il termine en répétant le tableau, qu'il fit si souvent, des calamités de la guerre.

Ce poëme de 250 vers environ, véritable manifeste du parti espagnol, plut beaucoup au duc de Parme (voir Brugœ) et eut une grande renommée. Il répandit le nom d'Ogier dans tous les Pays-Bas. On en parla même à Paris et Simon dut en envoyer un exemplaire à Junius (Ombroth. I, 9). Il plaça cet ouvrage en tête de l'édition qu'il donna de ses œuvres en 1588, non qu'il fut le meilleur au point de vue littéraire, mais parce qu'il avait une certaine célébrité et pouvait faire lire le reste.

Simon Ogier reçut-il quelque présent d'Alexandre Farnèse ? On ne saurait l'affirmer. Ce qui est certain, c'est que le succès l'encouragea à marcher dans cette voie, à exploiter cette veine heureuse. Il écrivit aussitôt un second poëme, deux fois plus long que le premier, et où il délaya à peu près les mêmes idées. Il l'intitula Mars (Arès). Il s'y indigne que les Bataves ne posent pas les armes : il faut qu'ils soient plus aveugles que des taupes pour conserver des espérances.

Ce qui distingue ce second appel à la Paix, c'est qu'il n'y loue pas seulement Alexandre Farnèse, mais encore les autres chefs espagnols Mansfeld, de Croy, de Barlaymont, de Lalain, d'Egmont, resté fidèle aux Espagnols même après le supplice de son père. Il énumère aussi les hommes pieux, les évêques qui, ne pouvant combattre, prient pour la paix. C'est Mathieu d'Arras, Sarrazin, abbé de Saint-Waast, Six, évêque de Saint-Omer [1], Canteleus, l'honneur de Clairmarais, et Manard, et Daureus, et Vincent, et Louis de Barlaymont, arche-

[1] Six étant mort en 1586, nous pouvons en conclure que cet ouvrage fut composé à la fin de 1585 ou au commencement de 1586, c'est-à-dire aussitôt après Irène.

vêque de Cambrai (in partibus, car la ville était occupée alors par les Français).

En insérant tous ces noms avec des éloges dans une œuvre répandue partout, comme brochure politique, Ogier se rendait tous ces personnages favorables. C'est le même motif qui le porte à nommer aussi les autres poëtes belges, Didier, un second Tibulle, Duflos, vrai Catulle, de Bétencourt, Blondel, Carpentier, Simon Darult, Roger, Jamot, Mortier, Moschus. Nous aurons l'occasion de reparler de ces poëtes, car Simon les a loués plus d'une fois. Ce qu'a ici d'intéressant cette énumération, c'est qu'elle nous donne l'idée exacte du public pour lequel écrivait Simon. Des chefs espagnols, des évêques flamands, créatures de l'Espagne, enfin des poëtes latins et ecclésiastiques pour la plupart, tel est son auditoire. Pouvait-il ne pas écrire en latin ? Dans ce milieu, eut-on compris un autre langage ? Faire des vers français y eut paru, je m'imagine, quelque peu hérétique.

La pensée de Simon Ogier tourne

dans un cercle assez restreint. Il a deux ou trois idées générales et c'est tout. L'école positiviste (M. Taine) pourrait l'enfermer dans une formule, sans qu'il en souffre. Voici ce qu'il répète sans cesse : « Faites la paix, ou, si vous voulez guerroyer quand même, faites la guerre au Turc ».

Cette idée de croisade qu'il a conçue en Italie, il y revient partout et toujours, en prose comme en vers, dans son texte latin, comme dans ses notes marginales en français : « C'est une grande honte (Encomiorum II, 10) que les chrestiens laissent le saint Sépulcre entre les *mains* des chiens ! » — « O honte ! s'écrie-t-il ailleurs (Arès) le Turc brûle nos villes et occupe le tombeau du Christ. C'est le moment, c'est l'heure de le délivrer ». Il écrit à Guillaume d'Este que s'il s'agissait de faire la guerre au Turc, il partirait le premier et ceindrait son épée. « Rien ne m'arrêterait et s'il fallait périr, je périrais content ». — « Serviteurs, apportez-moi un glaive brillant, un bouclier solide, un casque poli. Sortez mon cheval de l'écurie. De purs soleils ont brillé dans les airs ». (Odes III, 1, 2, 3, 8).

Il faut se souvenir pour comprendre ces passions renouvelées du moyen âge, que 15 ans seulement auparavant les flottes combinées de Venise, de l'Espagne et du Pape remportaient sur les Turcs la grande victoire de Lépante. Ce succès néanmoins n'arrêtait qu'un instant leur marche envahissante et Simon Ogier avait trouvé à Rome, surtout dans la conversation des cardinaux, la constante préoccupation de la croisade.

La pensée de notre poëte allait plus loin. « Qui ne s'enflammerait de courage (Odes III, 8), à l'idée de délivrer non-seulement la terre où le Christ a posé son pied divin, mais encore le pays des Muses, les peuples savants dans l'art des Piérides et la mer qui a entendu les accents de la lyre d'Orphée? »

Ainsi Ogier se déclare Philhellène ce sentiment est un de ceux qui l'honorent le plus. Lui, le petit poëte ligueur, il oublie que les grecs sont hérétiques et il pense qu'avant tout il faut délivrer le pays des Muses. « Des barbares gouvernent la Thrace (Odes III, 20) et tu pleures, ô Hellé, parce qu'ils chassent les muses des montagnes leur patrie, parce qu'ils répandent en Grèce la religion de Mahomet et souillent les sources Aganippéennes [1] ». Et plus tard dans ses exhortations (Parœneses, 24) : « Athènes appelle votre secours ainsi que Marathon et Thésée et l'Hélicon. Allez, enfants de la Gaule, allez, enfants du Tage et délivrez la Piérie de son deuil ».

Voilà donc Ogier chantant une Marseillaise, ou si le mot déplaît, un Péan, en l'honneur de la liberté des Grecs (Græciam servitute liberandam !) C'est ainsi qu'en 1827 nos jeunes poëtes s'écriaient dans leur enthousiasme :

En Grèce! En Grèce ! Adieu. Vous tous il faut partir !
Qu'enfin après le sang de ce peuple martyr,
Le sang vil des bourreaux ruisselle !

[1] Sed doles Barbaros regere Thraciam
Et pellere Musas patriis monti bus,
Arabico ritu sparso per graciam,
Et Aganippæis pollutis fontibus.

Il est vrai que Simon Ogier lui aussi aurait pu ajouter comme Victor Hugo :

. . . . . . Mais quoi ! pauvre poëte,
Où m'emporte moi-même un accès belliqueux !
Les vieillards, les enfants m'admettent avec eux !
Que suis-je ? — Esprit qu'un souffle enlève,
Comme une feuille morte échappée aux bouleaux,
Qui sur une onde en pente erre de flots en flots
Mes jours s'en vont de rêve en rêve.

Je préfère cependant lord Byron joignant l'action à la parole et disant : « Plutôt que de croupir dans nos marais, mieux vaut reposer où les Spartiates immolés sont libres encore dans leur glorieux ossuaire des Thermopyles ! »

QUATRIÈME CHAPITRE

(1586)

Les Amours d'un poëte. — Anne, Françoise, Uranie, Daphnéola, etc. — Où tout s'explique. — Puissance de la mode. — Satires contre les femmes. — Ennemis de Simon Ogier. — Comme il les traitait. — De la multiplication des ânes en Belgique. — Eloge des amis. — Le poëte Meyer. — Simplicité de Simon Ogier. — Loys de Barlaymont. — Mort d'Allard, son père. — Genre de vie du poëte à cette époque.

Ogier a 37 ans (1586). Il est temps, je pense, de se demander s'il eut, je ne dirai pas quelque passion, ce style est trop moderne, mais des affections autres que l'amitié. Est-ce un homme ? Est-ce un saint ? Nous le voyons (Euchôn III, 4) faisant une prière à sainte Anne pour qu'elle guérisse de la fièvre une jolie jeune fille du même nom. Cela est assez platonique. Mais au livre XI des Silves ce n'est plus à la sainte qu'il s'adresse. Il engage la jeune fille à prendre garde aux loups. Ces bêtes affamées ont dernièrement, dit le poëte, dévoré, près d'Aire et de la Lys, trois belles nymphes sorties pour puiser de l'eau, et il ajoute ces mots assez tendres : « Mais avec moi tu n'auras rien à craindre (eris mecum tuta) et je saurai bien te protéger ».

Cependant si elle s'appelle Anne, d'où vient qu'il écrit ceci (Silves XII, 12) à Guillaume Fournier : « La jeune fille que tu appelles tes amours porte un nom composé de deux autres, celui de la mère d'Epaphus et celui de la sœur de Didon (traduisez Jo—anna= Jeanne). Mais mon amie, dont tu me demandes le nom, porte celui du saint né à Assise, père du troupeau (funiferi gregis) qui porte la corde ». Voilà bien des périphrases pour dire Françoise.

A Françoise et à Anne, il faut ajouter Uranie, à laquelle il adresse (Silves

XII, 11) ces vers : « Tu es la plus belle des jeunes filles qui habitent Saint-Omer et avant que je cesse de t'aimer, les poissons périront dans les mers desséchées ».

Ce n'est pas tout encore. Nous lisons en effet un peu plus bas (15) : « Lorsque j'ai vu pour la première fois le visage de Daphnéola, j'ai senti se glisser dans mon cœur une flamme plus ardente que celle de l'Etna ».

Pour ne pas étendre indéfiniment cette énumération, nous supposerons que cette Daphnéola est la même que Daphnilla. Ce qui est certain, c'est qu'il ne parle de cette dernière qu'avec enthousiasme. Ce sont ses délices et ses amours (meas delicias et meos amores). Il en écrit à Jamot et à Charles Perléon. Il la compare à la lune brillant au milieu des étoiles (ut inter sidera Lunam rutilantem). S'il ne la désigne pas par son vrai nom, c'est qu'il craint le sort de Candaule [1].

Ces petites pièces de vers couraient Saint-Omer et chacun savait ou croyait savoir à qui elles étaient adressées. Les âmes pieuses se scandalisèrent. On fit des reproches au poète ; on lui demanda des explications. Voici celle qu'il donna à Olivier de Walle (Silves XII, 30) : « Ce n'est pas pour mon compte que je me dis atteint des traits de Cupidon. Mais je revêts les personnages de mes amis (amicorum personas induo) que je vois aiguillonnés par le taon de Paphos. Quant à moi je n'aime que les vierges couronnées de laurier et les chastes embrassements des Muses, avec lesquelles je suis heureux partout et toujours ».

Quand même Simon Ogier ne se serait pas justifié ainsi, nous aurions dû faire observer que tous les poètes de la Renaissance, imitateurs des Italiens et en particulier de Pétrarque, croyaient obligatoire de chanter une Laure ou une Daphné quelconque. C'était pure

[1] On voit par ce qui précède qu'il n'est pas très-exact de dire en parlant de Simon Ogier, comme l'a fait Monsieur Courtois, que « l'amour profane est entièrement banni de ses écrits ». Mém. Soc. Ant. t. X. p. 156.

convention et cela n'engageait absolument à rien. Pierre de Ronsard rima deux livres d'amours ; de Baïf, neuf livres ; Philippe Desportes, qui était abbé, composa les Amours de Diane, celles d'Hippolyte, et nombre de chansons galantes ; Jean Passerat enfin, dans son Jardin d'amour dédié à la marquise de Monceau, fait de toutes les fleurs, rose, safran, romarin, millepertuis, verveine, ortie même et chardon, les interprètes de sa passion imaginaire. Simon Ogier interprétait des passions réelles, mais elles n'étaient pas siennes. Du moins il le dit.

Cela ne l'empêche pas de louer beaucoup les « Naïades » de l'Artois. « Les filles de votre pays, écrit-il à Charles Perléon (Silves XII, 22), ont le visage de Thersite et leur gosier exhale une odeur méphitique. Sur nos rivages au contraire, les jeunes filles ont la beauté de Vénus, la sagesse de Minerve, l'art lyrique de Thalie ».

Il y avait des exceptions cependant. Je parle du temps de Simon Ogier. En somme notre poëte fit encore plus d'épigrammes que de madrigaux, et ces épigrammes prennent parfois les propórtions d'une violente satire à la Juvénale. De même que nous avons énuméré ses amours, faisons donc le tour de ses haines. Les noms sont grecs et ne compromettent aucune de nos respectables bisaïeules.

C'est d'abord l'orgueilleuse Hyperphiala, dont il a beau arroser le seuil de ses larmes et pour laquelle il avait abandonné les Muses. C'est ensuite Nisa, qui a refusé un homme qui voyait bien clair pour épouser un borgne : mais les femmes sont ainsi faites (peut-être Nisa avait-elle ses raisons). C'est Æschrodilla dont nous ne dirons rien de peur d'en trop dire. C'est Bionilla qui, ayant tous les défauts, voulait, par intérêt, épouser un jeune homme riche, qui était poëte. C'est Philargyria qui a la même avarice et le même désir.

Mais l'objet principal de son aversion, c'est Gariolia. Gariolia est un type, que le poëte n'a certainement pas imaginé et qui a vécu à Saint-Omer. Il n'en est pas moins curieux. Gariolia, c'est le fléau des mortels. Jeune fille, elle n'a jamais écouté ses parents. Femme, elle a fait mourir de chagrin son mari. Veuve, elle a empêché le beau mariage de Glycère ; elle a forcé Glycus à fuir en Hollande, où il s'est fait protestant et a été pendu. Ses incessants reproches ont hâté la mort de Santés. Elle a chassé Manlius qui aime mieux ronger des ognons dans les champs que de demeurer à la maison. Ne voulant pas donner de dot à Pasicalior, elle l'empêche de se marier et la pauvre fille se meurt d'amour. Cependant Gariolia feint d'être charitable ; elle hante les églises ; elle s'est composé un extérieur doux, quoique ces paroles soient méchantes. Au fond elle voudrait voir périr le monde entier (Silves XII, 19).

Ce portrait n'est qu'une esquisse, mais une esquisse vivante. Simon a connu Gariolia. Elle, de son côté, à la lecture de cette satire, déclara la guerre à son auteur. Faut-il ajouter que dans cette lutte le poète n'eut pas le dernier mot? Il avoue (Silves 21) qu'il fut forcé de se taire (Taceo nec enim melius vincere potero).

Simon Ogier avait d'ailleurs bien d'autres ennemis que cette femme, sans parler des adversaires politiques. Beaucoup lui reprochaient sans cesse cet amour de la poésie qui le détournait de toute autre profession lucrative : « La foule se moque de moi, dit-il, et voici son langage : Pourquoi passes-tu tes nuits sur les livres, et quand la terre est glacée par l'hiver et quand la canicule brûle les moissons? Pourquoi fuir les plaisirs de Vénus et ceux de Bacchus? Pourquoi ne voit-on jamais la main d'Ogier tenir le cornet aux dés? A force de lectures tu fais pâlir ton visage, tu perds ta vue, tu parsèmes ta tête de cheveux blancs, tu attrapes des fièvres et des catarrhes. Crois-nous, laisse-là l'archet (Élég. chr. III, 7) ».

D'autres lui reprochaient ses achats de livres et l'argent donné aux imprimeurs. « L'ignorance (Eloges III, 8) rit du fils de Nicaise parce qu'il fait beaucoup de dépenses en livres et enrichit les typographes à son détriment ». D'autres enfin accusaient sa muse d'être vénale (ded. d'Albertus) et de louer surtout ceux qui la payaient bien.

Ses parents mêmes semblent n'avoir pas toujours approuvé sa conduite. Il parle quelque part (Silves XII, 47) d'une famille ignorante et grossière dépouillant et accablant d'affronts un frère poëte. Et il est évident qu'un certain Philippe Ogier, son parent (44 ibidem), lui faisait des représentations et lui conseillait de renoncer à la Muse, puisque Simon lui répondit par cette fable : « Un homme, plus sot que Margitès (Margitès était dans l'antiquité le type de la sottise, comme Thersite, celui de la laideur), lisait un soir dans son lit, à la lumière d'une lampe, le Roland furieux de l'Arioste. Comme les punaises le déchiraient de leurs morsures, il éteignit sa lumière. Mais celui-là n'était qu'un sot ». « Pour moi, ajoute-t-il plus loin, je ne cèderai jamais (Elog.

III, 8) et j'écris toujours et j'écrirai jus qu'à ce que la mort arrête ma main » Et ailleurs : « Non, non, jamais je n me repentirai d'avoir fait des vers (Elég. ch. III, 7) je n'ai pas besoin d richesses. Comme Socrate je me con tente de peu. Les petites rentes qu mon bon père m'a laissées (et modic census ab amico patre relicti) me suf fisent. Je supporterai avec égalité d'âm la dureté des temps. Après ma mort j'aurai l'Olympe, et l'Ambroisie et l Nectar ».

Simon d'ailleurs savait riposter au injures : il n'est jamais en retard d répliques. On craignait ses iambes, Saint-Omer (nostros timent iambos, de dic. de Calliopesachea). Il traite ses en nemis d'impies, de débauchés et sur tout d'ânes. C'est son injure favorite.

Ces Midas dorés (Elog. III, 8) aimen mieux les lièvres que les livres (Silva varum lepores quam lepores vatum calembourg latin). O Apulée, tu as u fils qui sur les montagnes d'Arcadi brait comme le plus disgracieux de uadrupèdes. Apaise sa fureur et puisses-tu en retour rencontrer toi-même es roses à manger et recouvrer ainsi a forme humaine (Silves XII, 50) ».

Comme c'est la foule qui est contre ui, il ne craint pas d'injurier les Audonarois en général et surtout le comnerce et la brasserie (Silves XII, 32, 3, 34, 38, 48, 61, 86, etc). Il paraît que la bière était détestable alors. De eur côté, les marchands, retranchés lerrière leurs comptoirs, haussaient les paules au seul nom de poëte. Simon)gier leur montrait le poing.

Voici une épigramme qu'il adresse à oute la Belgique. « Avant mon voyage Silves XII, 51) à la demeure de Ronulus, aucun âne ou à peine un ou leux petits ânons erraient dans les champs fleuris des Belges et les badauds 'étonnaient à leur aspect, quand il les oyaient arracher de leurs lèvres rudes et brouter des chardons, plante rare lors dans nos pays. Mais à mon retour l n'en était plus de même et j'ai reouvé ici autant d'ânes qu'a de flots le père Océan [1]. En même temps les ronces et les chardons se sont multipliés ».

Si l'on ajoute aux haines privées que Simon Ogier s'attirait ainsi les haines politiques des protestants et des ennemis de l'Espagne, l'on comprendra ce que le séjour de Saint-Omer avait parfois d'intolérable pour lui.

A côté des ennemis, cependant, se trouvaient les amis et les protecteurs, et ces chagrins étaient tempérés par de douces satisfactions d'amour propre. Simon Ogier avait soin d'insérer au commencement de ses ouvrages les vers de ses admirateurs. C'est ainsi que l'on trouve en tête de Lutetia des distiques du poëte Jean Hycla. Dans les Cantiques, c'est Victor Giselin, médecin et poëte, qui compare Simon à Ronsard. Mais c'est Meyer (Antoine) qui est le plus prodigue d'éloges. Il déclare Simon Ogier inimitable. Sa muse est comme un torrent qui déborde gonflé par les

[1] At nunc tot asinos reversus reperi
Quot undis abundat Oceanus pater.

pluies de l'hiver (Trenodiòn). Horace caractérisait ainsi le génie de Pindare. Enfin (Elég. ch. 6), faisant l'anagramme du nom de son ami, il y trouve avec un peu de bonne volonté : « O sang d'Homère ! O sanguis Homeri [1] ».

N'allons pas en conclure que dans la vie commune notre poëte aimât à se rengorger et à faire le pédant. Non, il était relativement simple, expansif, ennemi des poses et des manières. Il se moque fort plaisamment (Ombroth. II, 5) de ceux qui s'appellent mon Excellence, ma Magnificence, mon Altesse. Ils se gardent bien de dire : mon Ineptie, ma Sottise, ma Lâcheté. Autrefois l'on se tutoyait, mais l'on a trouvé cela trop familier et l'usage du vous [2] devient général. En vérité il convient bien à l'homme formé de la boue de la terre et qui sera bientôt la proie des vers de montrer un semblable orgueil (Ibidem).

[1] Pour que l'anagramme fût exact, il faudrait écrire Simon Haugier.

[2] Citons ici deux vers assez joliment rimés :

Sed rauco videtur sono mugire bos
Aera quum ferit et aures istud vos.

C'est à cette époque (1586) que Simon Ogier s'attacha aux Barlaymont et particulièrement à l'archevêque de Cambrai. Presque tout le dixième livre des Silves lui est consacré. Il en fait un éloge pompeux. Il dit que les Muses, étant chassées de la Grèce, ont été accueillies par Loys de Barlaymont. Il l'appelle son Mécène : ce qui ferait supposer que la faveur de l'archevêque se manifesta par quelque générosité sériense. Aussi notre poëte est fort tourmenté de savoir son protecteur malade. Sitôt qu'il est guéri : « Réjouissez-vous, dit-il aux autres poëtes, il a quitté le lit ! »

A la fin de la même année (28 octobre 1586) Simon perdait son père. Les billets de faire part qu'il envoie à ses amis d'Italie (Silves XI, 10, 11, 12, 13) sont un peu secs. On l'exhortait encore à retourner en Italie : il explique que sa mère, seule maintenant et accablée par la vieillesse, le retient à Saint-Omer. Cela ne l'empêchait pas de faire à Douai de fréquentes apparitions. Parfois même il y séjournait une saison entière. Au retour, il s'enfermait avec ses livres. Ou bien il allait chez Gérard Corneil. Si Gérard était absent, Simon entrait néanmoins chez lui et, sans façons, se promenait dans le jardin en lisant Homère. Gérard rentrait : on s'occupait de poésie grecque, latine et même française. On admirait fort Ronsard et la Pléïade. Et le jour s'achevait dans ces doctes causeries (Silves XI, 29).

CINQUIÈME CHAPITRE

(1587-1589)

Mort de Marie Stuart. — Formation de l'Invincible Armada. — Bruits qui courent. — Capitulation de l'Ecluse. — Voyage de Bruges. — Traversée de la forêt ducale. — Retour. — La Floriade. — Simon Ogier, poëte épique. — Caractère général de ses poésies. — Colères de poëte. — Pourquoi la Floriade ne fut jamais publiée. — Lutétia. — Henri IV. — Fureurs régicides. — Edme de Bourgoin.

Cependant venait de se produire un événement politique considérable. Elisabeth jetait en défi à l'Europe catholique la tête de Marie Stuart (18 février 1587). A cette nouvelle Ogier s'écrie : « Tu as vécu pieusement, justement, saintement, pudiquement et voici que la hache a tranché le fil de tes jours

(Odes III, 13) ». Et ailleurs (Silves XII, 79) : « La Beauté et les Amours avec la Bonne Foi, l'Honneur et la Pudeur, pleurent la reine d'Ecosse ». Il y a un mot de trop dans tous ces éloges. Mais notre poëte n'y regardait pas de si près. Il la place d'emblée dans l'Olympe, c'est-à-dire au ciel. D'ailleurs elle sera vengée et la furie Tisiphone sort exprès de l'Enfer (Odes III, 12).

En attendant Tisiphone, Philippe II ordonne d'immense préparatifs. Simon craint bien des malheurs pour l'an 1588 qui va s'ouvrir (Odes III, 23). Jamais Auguste n'a rassemblé autant de soldats qu'on en voit en ce moment sur les bords de la mer de Flandre. Une flotte innombrable se réunit. Est-ce pour écraser la Hollande ? Car Simon ignore d'abord son objectif (Odes III, 16). Quand il le sait (Silves III, 75), il accable de ses menaces la reine d'Angleterre qu'il traite de Jézabel (Ibidem 90). Il lui prédit les plus grands désastres.

« Bientôt l'aigle étouffera le léopard dans ses serres (Silves XI, 2). Je vous fais, Bretons (Ibidem 3), une prédiction plus vraie que toutes celles de Merlin ». « C'est un bruit qui prend de la consistance que le roi d'Espagne médite de porter la guerre en Bretagne avec une flotte semblable à celle de Xerxès, parce que la reine d'Ecosse a été décapitée et que l'Angleterre s'est faite calviniste (Silves XII, 78) ».

Cependant on fortifie Mardick et Blankenbergues pour empêcher les Anglais de dévaster les côtes (80). L'armée du roi marche contre Ostende (81). Le bruit court que cette ville assiégée a ouvert les écluses et inondé le pays pour se défendre (82). On raconte aussi que les Bataves ont tenté un coup de main sur Anvers, en traversant la forêt ducale. Le complot a été découvert et l'allemand qui voulait livrer la place, a eu la tête tranchée (83).

Tous ces bruits étaient faux (84), nous dit ensuite Simon Ogier. Le duc de Parme marche seulement sur l'Ecluse qui est forcée de capituler (88), mais après une vive résistance où

« notre Valentin [1] » a perdu le bras droit et un Barlaymont la vie. N'allez pas croire que le poëte reste à Saint-Omer pendant ces événements. Il est trop curieux pour cela. Nous le trouvons sur la côte, observant tout, s'embarquant même au risque des tempêtes et manquant encore une fois de se noyer (Silves XII, 85).

Est-ce alors qu'il fit le voyage de Bruges qu'il ne publia qu'en 1597 ? Je serais tenté de le croire [2]. Tous les chefs espagnols des Pays-Bas réunis dans cette ville se préparaient à enva-

[1] Ce Valentin était capitaine à Saint-Omer.

[2] Voici nos raisons. Simon Ogier en le publiant, dit lui-même que c'est un petit poëme qu'il tire de la poussière où il était resté longtemps enseveli : « poemation e situ et pulvere nuper erutum ». De plus il ne paraît pas qu'il ait été marié quand il l'a composé. Il dit qu'à son retour il composa des prières au Christ sauveur (Et Christo soteri soteria pango). Or ces prières sont dans l'édition de 1588. Enfin Alexandre Farnèse, mort en 1592, ne pouvait pas être à Bruges en 1597. Toutes ces raisons nous empêchent de partager l'avis de monsieur Courtois qui confond toujours la date de la publication des ouvrages de Simon Ogier avec celle de la composition. Pour nous, il y a ici 10 ans qui les séparent. et, fait en 1586 ou 1587, l'ouvrage n'a été publié qu'en 1597.

hir l'Angleterre sur l'Invincible Armada et Bruges était en quelque sorte (qu'on me pardonne l'expression) leur camp de Boulogne. Simon Ogier était en haute réputation dans cette petite cour d'Alexandre Farnèse. Son Iréné et son Arès y étaient fort goûtés du maître (cuique meam Pacem cum Marte dicaram. — Gaudeo fuisse magno duci caram), et les Caétans, ses anciens élèves, qui se trouvaient là aussi, ne manquaient pas les occasions de louer leur ancien maître. Les Barlaymont aussi, qu'il avait déjà flattés directement, l'avaient en grande amitié. Il reçut sans doute quelque invitation, des assurances qu'il serait bien escorté pendant le voyage : il se décida à partir.

Il alla d'abord à Douai par Helfaut, Thérouanne, Enguinegate, Fléchinelle, Pippemont. A Febvin il eut le bonheur de voir un morceau de la vraie croix. Mais entre Lens et Douai il tomba de cheval ; les pluies avaient détrempé la terre et c'est dans un piteux état qu'il sortit de ces fondrières.

De Douai il se dirigea sur Lille, Menin et Courtrai. Mais pour arriver à Bruges, il fallait traverser des « bois espouvantables et pleins de loups ». Il craignait surtout les bandes protestantes de Maurice de Nassau et les gueux d'Ostende dont la hardiesse était sans bornes. Cependant une forte escorte le protégeait et il arriva sain et sauf sur les bords de la Rhée, qui arrose, dit-il, les mignonnes lèvres roses des femmes de Bruges (qui rigat rosea Brugidum labella).

Il fut très-bien accueilli partout et par tous. Les poëtes le saluèrent de leurs chants et il leur rendit hommages pour hommages (Et colo poetas et color ab illis). Mais ce qui lui fut le plus sensible, c'est la faveur que lui fit Antoine Rex de Barlaymont, qui, se piquant lui-même de poésie, força Simon Ogier, qui s'en défendait, à être son hôte et à loger dans sa riche maison [1].

[1] C'est à cet Antoine Rex (ou Leroy) de Barlaymont que notre poëte adresse la 35e silve du livre XI, qui commence ainsi : Rex Brugeliadum gloria

Notre poëte était alors à l'apogée de sa gloire. Les Caëtans lui montraient, autant d'affection qu'à un père. Chez les Barlaymont, il vivait en Lucullus (Lucullana domo). Que pouvait-il désirer de plus ?

Il visita les églises de Bruges, admira la Vierge de Michel-Ange, les tombeaux du duc Charles et de Marie de Bourgogne. Quand il fallut revenir, il longea la côte par Dixmude et Furnes, jeta en passant un regard aux jolies femmes de Lamprenesse (facie pulchra Lampronesiades) et par Hondschoot, Bergues, Millebrœucq, où il faillit être dévoré par les chiens et dut pour la première fois tirer sa durandal (sed me fulmineus tutatus est ensis) par Linck, Watten, Saint-Momelin, et le cabaret

musarum — Barlæmentiades. Nous regrettons vivement que M. Courtois ait confondu ce Rex avec le Roi d'Espagne et ait avancé que Philippe II lui-même reçut Simon Ogier à sa table. Il aurait suffi d'entr'ouvrir l'histoire de ce prince pour voir qu'il était alors en Espagne, où il passa d'ailleurs la plus grande partie de son existence. Le désir d'augmenter la gloire de Simon Ogier peut mal expliquer cette erreur, mais sans la justifier.

Noble rentra dans la rue du Blancq-Ram où il composa aussitôt une prière en actions de grâces au Christ Sauveur (Euché. I, 1).

Simon Ogier était-il allé à Bruges dans le dessein d'obtenir pour son grand poëme épique, qui devait être la Floriade, le patronage du duc de Parme? On l'ignore. Ce qui est certain, c'est qu'alors il avait déjà formé le plan de son poëme et même exécuté l'ouvrage en grande partie. Il en fait part, avant 1588, à Pierre Florestan (Silves XII, 87), qui lui conseille de le faire paraître. Mais Simon est prudent, il veut suivre le conseil d'Horace et attendre, sinon neuf ans, comme le demande ce poëte, au moins l'issue de la grande lutte entreprise par Philippe II. Il attendit toujours. Le duc de Parme mourut. Les Pays-Bas eurent d'autres souverains. Il dut remanier plusieurs fois cet ouvrage.

Il s'explique ainsi (Epit. I, lett. déd.) sur l'argument et la matière de son œuvre. « J'ai l'intention d'employer tous mes efforts à louer et à célébrer l'alliance de la maison d'Autriche avec celle de Bourgogne. Il raconte en douze livres le mariage très-heureux et très-fortuné de Maximilien d'Autriche et de Marie de Bourgogne, et je comble des louanges qu'ils méritent les héros qui en sont issus ».

Chacun aura sa part dans le gâteau. Il le promet formellement à Monseigneur Herman de Bourgoigne, seigneur de Falaix : « Tu seras chanté dans ma Floriade d'une voix pleine et digne avec les très-excellents princes tes aïeux et arrière aïeux. Il y aura dans mon poëme une action une et simple ; il y aura aussi des épisodes (Epit. 1, let. déd.) ».

Ainsi l'auteur n'est pas un poëte inspiré qui vient enseigner aux hommes les grandes vérités de la vie antique et les choses divines ; c'est un homme qui loue les vivants à l'aide de machines plus ou moins poétiques. Il empruntera à Virgile ses descriptions de boucliers, sa descente aux enfers, ses prédictions, ses voyages et ses combats, remplacera pius Æneas par Maximilianus, et Lavinia par Margarita, déplorera la mort prématurée de quelque Marcellus espagnol ou autrichien, recevra peut-être pour ces éloges, une bourse bien remplie, mais à coup sûr ne composera pas avec une pareille matière et des intentions comme celles-là une œuvre originale et durable [1].

Simon Ogier fut un poëte encomiastique. Il loue partout et toujours, dans ses ouvrages, dans leurs préfaces et jusque dans les notes marginales. Il loue dans ses pièces officielles, Iréné, Arès, Caletum, Vervinum, etc. Il loue dans ses Etymologies, Devises, Epitaphes, Sonnets, Chants lyriques (Melôn). Il loue dans tous les ouvrages qui ont été conservés, il louait également dans ceux qui se sont perdus, comme cet Areïphatônmnémosyné, ou souvenir des

[1] En réalité, n'ayant pas pu faire imprimer la Floriade,il en a donné la monnaie dans les ouvrages publiés à la fin de sa carrière, tels que les Epitaphes, les Eloges, Albert et Isabelle, Calais, etc).

héros victimes de Mars. Toutes ses œuvres ont pour principe cette intention de louer, de plaire à quelqu'un par des éloges directs et indirects.

De là vient la forme générale de ses poésies qui est lyrique. Car ces éloges qu'il donne à tous n'ont rien de modéré. Ils sont excessifs et outrés. C'est une accumulation grotesque de superlatifs. Là où Cicéron en eût mis deux, Ogier en met quatre et pour peu qu'il soit en veine, il redouble. C'est effrayant. Un poëte nul et mort-né, mais seigneur de quelque chose (Epit. I, let. déd.), il le déclare supérieur à la fois à Virgile dans le genre héroïque, à Horace dans le genre lyrique, à Tibulle dans l'Elégie.

L'excès de la louange amène celui de la critique. Quand on accueillait mal ses vers, Ogier devenait furieux. Quoi de plus naturel ? « Aime-boyau, Franche-trippe, fils de Glouton et de Gourmandise (Eloges III, 7), est l'homme le plus sordide et le plus dépourvu de générosité, puisqu'il refuse un livre offert par les Muses, comme les Juifs refusent la viande de porc, les Pythagoriciens la fève, et Lycisca le vin ». Ce fait se présenta quelquefois. Les protecteurs se lassèrent, les louanges furent plus mal accueillies. Simon devint peu à peu triste et morose. Peut-être finira-t-il de désespoir par briser sa plume.

Quant à la Floriade, si elle ne vit jamais le jour, c'est qu'on ne voulut pas la lui payer à l'avance. Le témoignage est positif : « Mais quand la feras-tu paraître, me diras-tu ? (Epitaphes I, let. déd.) — Je la ferai paraître quand l'Auster m'apportera de l'Autriche en paiement de mes travaux une pluie d'or semblable à celle qui tomba dans la prison de Danaë. (Quando edes ? — Quum mihi aureus ab Austria Auster afflaverit et labores meos Danacio imbre refecerit).

Il emploie à peu près la même forme dans une lettre adressée à Georges d'Autriche : « Pourquoi ne fais-tu pas paraître ce grand et magnifique ouvrage ? Pourquoi hésites-tu ? Qu'attends-tu ? —

C'est que je voudrais pouvoir dire : « J'ai des ordres pour chanter ». Voilà la seule chose qui me retient ». Il est évident que qui commande doit payer.

Simon attendit en vain. Il n'eut pas la chance de Chapelain à qui le duc de Longueville accorda une pension de mille écus, qu'il lui continua tout le temps que dura la composition de son poëme épique et qu'il lui doubla ensuite pour le consoler des critiques que l'on fit de son ouvrage, lorsqu'il vit le jour.

Dans d'autres occasions notre audomarois fut plus heureux et les lettres de change qu'il tirait dans ses préfaces ne furent pas toujours protestées. Ce n'est pas sans motif qu'il loue la générosité des Caétans (il en reçut des bienfaits longtemps encore après son retour d'Italie) des Berlaymont, des seigneurs de Noircarme, du baron de Cuincy, de Valdérien Duflos, de Sarrazin et qu'il dit à Philippe de Lannoy : « Grâces à toi fleurit le jardin d'Hélicon et, tant que tu verras la lumière, les poëtes ne craindront pas la pauvreté ».

L'invincible Armada échoue (1588). Simon se tait sur les défaites. Mais à l'occasion du siége de Paris, sa muse se réveille, il écrit Lutétia. Lutétia est la plainte de Paris assiégé et affamé par Henri IV. « Me voici entourée, s'écrie Lutèce, cernée par les armes de mes ennemis sacriléges. La peste et la faim me tourmentent et je crains ma ruine. Déjà les chiens, les chevaux et les bêtes de somme nous manquent ». Lutèce invoque les Guises comme des saints et des martyrs. Quel est l'auteur de tous ces maux ? Henri IV, le « renard du Béarn [1] ».

Simon Ogier apprend la nouvelle de la mort d'Henri III, assassiné le 31 juillet 1589. Plein de joie, il souhaite à l'héritier de son nom, mais qui ne sera pas l'héritier de son trône, dit le poëte, une mort pareille. (In Albretiam Alecto). « Ah ! Charles IX, pourquoi l'as-tu épargné dans cette sainte journée

[1] Et vos guisiadæ fratres, qui sanguine vestro
Blesiacas tinxistis aquas et acerba tulistis
Funera, supplicium passi pro religione.

consacrée à saint Barthelemy ? Maintenant il réduit ton peuple à la famine ». Voici le latin :

Ah ! rex, nunc decus Carolidum, quid hunc
Servasti. . . . .
Sacra luce neci Bartholomæiæ ?
Nunc damno pietas est tua civibus
Quos hic exagitat pestifera fame.

On sait le rôle que Henri Caëtan joua pendant ce siége de Paris, son ardeur pour la Ligue, les sommes qu'il a consacrées aux distributions de vivres. Simon Ogier l'en félicite. Notre poëte est au courant de tout ce qui se passe. Le duc de Parme arrive au secours de Paris (ad Parisios) : « Ce n'est plus le moment de parler, s'écrie-t-il, mais d'agir et de combattre ». Il demande formellement qu'on renouvelle le coup de Jacques Clément et qu'un *pieux poignard* délivre le monde du roi sacrilége et de tous ceux qui lui prêtent leur secours [1].

[1] Ut rex sacrilegus supplicium luat.
Et mucrone pio stratus humit cadat
Et quicunque viro suppetias ferunt.

Simon Ogier apprend qu'Edme de Bourgoin, prieur du couvent des dominicains de Paris, un de ses amis, fait prisonnier dans l'attaque des faubourgs, a été tiré à quatre chevaux et brûlé par le commandement du Béarnais, parce qu'il avait conseillé, disait-on, à Jacques Clément, l'assassinat d'Henri III. Notre poëte aussitôt s'indigne et accable d'injures le roi de France. Ce n'est pas tout, il compose une épitaphe à cet Edme de Bourgoin et il s'écrie à la fin : « Et au moins dans mes vers, sinon ailleurs, tu auras, malgré l'impiété, le tombeau et la gloire immortelle que tu mérites ». Il est curieux assurément de trouver à Simon Ogier un point de contact, sinon avec Jacques Clément lui-même, du moins avec ces dominicains de Paris, accusés d'avoir aiguisé le poignard dont fut frappé le roi. Tant de fiel entre-t-il dans l'âme d'un poëte !

SIXIÈME CHAPITRE

(1590-1594)

Simon Ogier perd sa mère. — Les d'Ausque. — Mariage de Simon Ogier. — Pieux cantiques. — Vénus et Cupidon.— Élégies chrétiennes.— Tentative du duc de Longueville. — Simon Ogier garde national. — Défense de la rime. — Invention de Simon Ogier. — Pourquoi ce poëte admirateur de Ronsard écrit cependant en latin. — Le banc des Muses. — Parœneses. — Approbation des censeurs. — Les oiseaux de Colfontaine. — Sic transit gloria mundi.

Cependant Simon Ogier perdait sa mère Nicaise (ou Casine) âgée de 72 ans, le 8 juin 1590. Quand il eut accompli les cérémonies des funérailles et composé en grec une épitaphe simple et belle en l'honneur de celle qui l'avait enfanté, nourri et élevé avec tant de soin, il se trouva seul dans la maison du Blancq-Ram. Ses frères avaient suivi chacun leur destinée. Lui-même était âgé de quarante et un ans. Alors effrayé sans doute par la perspective d'une vieillesse solitaire, il pensa à se marier.

La nombreuse famille des d'Ausque était célèbre à Saint-Omer pour sa piété et son zèle à défendre la cause catholique. On parlait d'Antoine d'Ausque comme d'un adversaire acharné des protestants [1]. Chassé de ses foyers, accablé d'outrages et d'affronts par ses ennemis, dépouillé d'une grande partie de sa fortune, il n'avait cédé ni aux menaces, ni aux tentatives de séduction, dont il avait été l'objet (Ep. I, 24). Il était mort en 1582 âgé de 78 ans. Son fils unique s'était marié ; une de ses

[1] Il importe cependant de ne pas le confondre, comme on l'a fait, avec un bailli de Saint-Omer qui avait exactement le même nom et qui était sans doute son parent. C'est ce bailli qui fut le grand père du fameux jésuite Claude d'Ausque, fils de Robert d'Ausque. Le beau-père de Simon Ogier n'eut qu'un fils appelé Jacques et ne fut jamais bailli.

filles était morte ; mais la plus jeune, Marie, était devenue la demoiselle de compagnie (Tren. I, déd.) de Léonore de Noyelle, que notre poëte appelle une héroïne très sainte et très pure [1].

Marie d'Ausque avait de l'instruction et ne détestait pas la poésie. Simon Ogier jeta les yeux sur elle et le mariage fut célébré le 12 mai 1592.

Est-ce pour la convaincre, elle ou sa famille, qu'il a composé ses pieux cantiques ? (Cantilenarum piarum enneades duo). On serait tenté de le croire. Il y fait un éloge perpétuel de la pudeur. Il donne des conseils aux jeunes filles, les engageant à ne pas lire l'Arioste, ni les amours de Ronsard, ni les vers de l'insensé Marot, ni les Amadis, ni les Lancelots (Enn. I, 2). Il leur propose pour modèles sainte Cécile, Suzanne, Lucrèce, saint Bernard, saint Benoît, qui se roulait dans les orties (quum mitem puerum Venus lacesseret),

[1] Anne et Léonore de Noyelle, demoiselles pieuses et vertueuses, filles de Adrien, sieur de Croix et de Franchoise de Lille. (Note de S. O.)

enfin Joseph et Bellérophon ! (Enn. II, 2, 3, 5, 6, 7).

Mais quel est le meilleur gardien de la vertu des femmes ? C'est le poëte, ajoute Simon. Et là-dessus ouvrant son Homère, qui est sa Bible : Agamemnon, dit-il, partant pour la Troade, confia Clytemnestre à un poëte, et tant que l'homme des Muses fut là, Clytemnestre observa les lois de l'hyménée (Enn. II, 4). La conclusion était facile à tirer.

L'amour eut-il part à ce mariage ? Simon avait 43 ans en 1592 ; Marie d'Ausque était un peu plus jeune sans doute ; cependant il ne faut pas oublier que son père, s'il eût vécu, aurait eu près de 90 ans à cette date. Je lui donne (sous toutes réserves) pour le moins de 30 à 35 ans, et je crois en pouvoir conclure que Cupidon fut presque sans pouvoir sur ces deux personnes pieuses. D'ailleurs notre poëte nous dit lui-même ce qu'il pense de ce petit dieu. Au début du livre II des Cantiques, Vénus accuse Cupidon de ne pas atteindre Euterpe de ses flèches, de respecter trop Diane et d'épargner la blonde Minerve. Et voici ce que le fils de Vénus lui répond :

« O ma mère, ne réveille pas de tristes idées. Ici je m'avoue vaincu. Je ne me fie plus à mes flèches redoutables. Il faut y renoncer, ô ma mère. D'ailleurs que sommes-nous, vous et moi, depuis la venue du Christ ? Nous avons perdu le ciel (perdidimus astra) ». Cela est significatif, et gracieux comme poésie. Malheureusement nous avons été obligé de concentrer et d'abréger ce que Simon délaie en une foule de vers que rendent insipides des répétitions infinies.

Simon Ogier n'a rien publié dans l'année qui suivit son mariage (1592-1593). Cela s'explique. Le 22 avril 1593, Marie d'Ausque lui donnait un fils, qu'on appela Jacques. Comme le poëte ne faisait rien paraître cette année-là, les méchants disaient que depuis son mariage avec la belle Marie, il faisait des infidélités aux Muses. Ogier, piqué de ce reproche, répondait qu'au contraire, depuis son mariage, il croyait avoir épousé une Muse en personne (Elég. I, 8). Pour prouver qu'il travaillait toujours, il publia les Elégies chrétiennes [1].

L'ouvrage est bien triste pour un jeune marié ! « Je ne vois pas une cause de tristesse, nous dit-il, j'en vois mille (Elég. I, 1) ». Nous approuvons volontiers ceci : « Mes élégies sont bien différentes de celles de Catulle. Je déteste et je maudis tout ce qui est impur ». Mais il ajoute mélancoliquement ces mots expressifs (Ibidem) : « D'ailleurs je n'ai pas de raison pour chanter les amours [2] ».

Malgré le mauvais goût qui choque continuellement dans cette poésie élégiaque, on y trouve quelques beautés. Quand il contemple par exemple (Elég. I, 6) le Christ sur la croix, la pensée de ce dévouement divin a visiblement ému notre poëte. Alors lui vient à l'esprit la fameuse comparaison du pélican.

[1] La lettre dédicace est datée du 26 août 1593.
[2] Et nihil est etiam quod decantemus amores.

C'était l'occasion de développer, et Musset a tiré de la même idée un beau et sublime tableau, qui est dans toutes les mémoires. Simon Ogier s'est arrêté court.

Il ne faudrait pas croire non plus que Simon fût malheureux en ménage. Si cette union fut sans passion, elle eut ce bonheur calme et doux qui ne succède pas toujours aux ardeurs vives mais passagères de la jeunesse. En 1595, Simon Ogier déclare qu'il se rit des envieux. Dieu lui a donné la poésie et a écarté de lui la pauvreté. Il se peint entre ses deux enfants, l'un Jacques, qui s'attache à son cou et lui rappelle Astyanax, l'autre François, nouveau-né (1er juillet), qui est suspendu à la mamelle de son épouse à la chevelure d'or. Certes ce tableau n'est pas celui d'un intérieur triste et désolé (Elég. chr. I, 9).

Le 24 novembre 1594, Henri d'Orléans, duc de Longueville, tenta de surprendre Saint-Omer par la porte Sainte-Croix. S'il faut en croire notre poëte, qui errait sans doute ou qui montait la garde sur les remparts, il aurait contribué à sauver la ville. « Ce n'est pas sans sueur que le courage de Simon Ogier arracha la ville de la gorge des Français. Le cygne de Piérie poussa un cri pieux et montra alors la diligence la plus grande. Cependant il ne reçut aucune récompense. Les Muses voient cette ingratitude avec une extrême douleur. Les oies du Capitole furent mieux traitées (Symbola 82) ».

Qu'aurait donc voulu Simon Ogier ? Il le dit au premier livre des Éloges. Ce n'est pas de l'argent qu'il eût désiré, mais s'il avait reçu seulement un petit cadeau, par exemple, « une coupe aux armes de la ville (à la double croix), ornées de pierres précieuses », il ne l'aurait pas refusée [1]. Aussi il bouda pendant quelque temps le magistrat de Saint-Omer. Puis il fit le brave et s'écria : « Certes, c'est avec une âme grande et élevée, magnanime et désin-

[1] Nec pateram gemina crnce chrysolitoque nitentem.

téressée que le fils d'Allard supporte qu'aucune récompense n'ait été accordée à sa sueur salutaire à la patrie dans ce jour consacré à saint Chrysogon, lorsque le premier, à la nouvelle de la tentative insidieuse, il donna l'ordre de sonner le signal du tumulte et de l'arrivée des ennemis du haut de l'observatoire de Sainte-Aldegonde. Mais Achille recevra sa récompense de Jupiter ». Il paraît qu'un religieux de l'abbaye de Saint-André-au-Bois, nommé Rogier, avait devancé notre poëte, puisqu'il reçut une pension de 100 florins. La municipalité de Saint-Omer qui « portait Simon Ogier sur son cœur (in ulnis) », à ce qu'il dit, aurait certainement récompensé son service, s'il l'avait véritablement rendu. Il est plus vraisemblable que son imagination exagéra le rôle qu'il a joué dans cette circonstance.

Sa mauvaise humeur retomba sur les Français. Un certain nombre de jeunes gens de France étaient élevés à Saint-Omer. « Nous nourrissions de mets honnêtes les fils de la France (Audomaropolis ad galateam) », et il s'indigne qu'en récompense de ce bienfait ces mêmes Français viennent mordre la main qui les nourrit.

On trouve aussi dans les pièces écrites à cette époque et notamment dans les chagrins de Calliope (Calliopesachea) l'expression des terreurs continuelles auxquelles la ville était en proie depuis la tentative du 24 novembre. Le 29 du même mois, il écrit cette phrase significative à la fin d'une préface : « Mais je m'arrête. Car le veilleur du haut de la tour de Saint-Bertin, faisant retentir la voix de stentor de la Vierge Vedastine, nous donne le signal éclatant et certain du tumulte et de l'arrivée des ennemis les plus cruels et les plus farouches. On nous appelle aux armes et aux murailles. Il faut quitter la plume pour le mousquet, bien malgré moi ». Simon Ogier était donc obligé alors, comme bourgeois, de monter la garde et de paraître sur les remparts. Ces occupations n'étaient pas de son goût, paraît-il, et il aimait mieux chercher des rimes dans son cabinet.

En ce moment de trouble et d'inquiétudes profondes, les idées qui viennent à l'esprit de notre poëte semblent toutes littéraires. Il s'agit pour lui, non de la défense de sa patrie, mais de la justification de son système de vers rimés en latin. Il faut bien le suivre sur ce terrain, oublier que la terreur règne dans le pays et nous transporter dans la petite chambre dont il avait fait sa bibliothèque ou encore dans celle où l'abbé de Saint-Vaast, Sarrazin, lit tranquille et calme après son repas, et en guise de dessert, la prose élégante et les vers pieux de notre audomarois.

Simon Ogier défend la rime. Il s'appuie sur nombre d'autorités, le Dante, Pétrarque, l'Arioste, les Hébreux, les Gaulois, les Germains, les Espagnols et les Anglais. — Mais Virgile, lui objecte Sarrazin, mais tous les Latins, tous les Grecs, ont-ils fait rimer leurs vers ? — Ils aimaient les consonnances, répliqua Simon ; donc ils auraient aimé la rime, s'ils avaient eu l'idée de l'appliquer à leur poésie. Mais tout va en se perfectionnant et je puis dire que ma poésie latine, par cela même qu'elle est rimée, est un progrès sur Virgile ! (Lettre à Antoine Blondel). D'ailleurs ces vers, dont on me dit l'inventeur, sont très-difficiles et l'on ne saurait s'imaginer le travail qu'ils me coûtent (Calliopesachea. Lett. à Sarrazin).

Telles sont les idées de Simon et on les acceptait autour de lui. Oui, l'archevêque de Cambrai lui-même, Louis de Berlaymont goûtait ses poésies. Quand notre poëte lui envoyait quelque pièce, il répondait en français : « Je l'ai trouvé *(sic)* fort belle et digne de la louange tant pour l'élégance que l'invention rare de tourner en rimes vers latins. Vostre bien affectionné amy à vous complaire.

» Loys de Berlaymont ».

(Lettre de l'archevêque à Simon Ogier, docteur ès droix).

Il faut dire cependant que Simon Ogier n'était nullement l'inventeur de ce genre de vers, puisque Walter Borough de Bruges en imprimait vers 1366 qui rimaient deux fois, au milieu et à la fin des vers [1], puisque deux siècles avant Simon, il y avait des traités sur l'art de rimer en latin (Ars Rhythmicandi) [2], puisqu'enfin en 1199 on était obligé de faire défense aux religieux cisterciens (ceux de Clairmarais en furent) de composer des rimes latines [3]. Cela n'empêchait pas notre poëte de laisser dire autour de lui et de croire un peu lui-même qu'il en était l'inventeur.

D'ailleurs l'invention n'était pas heureuse. Simon Ogier a beau soigner ses rimes et appliquer au latin toutes les lois de l'Alexandrin français, ses phrases ne sont ni poétiques, ni harmonieuses. On ne peut transporter ainsi d'une langue à une autre un système de versification. Chaque langue se crée en quelque sorte un rhythme qui lui est

[1] Histoire littéraire de la France, t. XXIV.
[2] Idem.
[3] Idem.

naturel, et il est aussi impossible d'imposer au français l'entrelacement des dactyles et des spondées latins que de faire souffrir au latin la torture des rimes françaises. Ces deux échanges ont été tentés surtout à l'époque de la renaissance : ils ont échoué tous les deux. Ces langues, si souples qu'elles soient, n'ont pas voulu se prêter à une semblable dislocation. Les vers rimés de Simon Ogier ne peuvent s'appeler des vers, tant ils sont lourds et dénués d'harmonie. Il devient insupportable surtout quand il s'avise de mélanger l'hexamètre avec l'alexandrin, d'alterner les rhythmes, de faire succéder des vers rimés à des pentamètres ou à des trochaïques. Il atteint alors un degré de mauvais goût dont il est difficile de donner une idée. Dirons-nous qu'il est illisible dans ces endroits ? Ce n'est pas suffisant pour exprimer notre sensation. Figurez-vous un espiègle mélangeant tous les mets d'un repas et réunissant dans le même vaisseau la soupe avec les confitures, le fromage, les viandes, le vin, le miel et la moutarde. Quant à la difficulté de la chose, nous sommes obligé là encore de contredire Ogier. Pour la curiosité du fait, nous avons essayé de rimer en latin et il nous est arrivé de faire facilement des vers aussi mauvais que les siens.

Au point de vue littéraire, Simon Ogier se rattache donc à la Renaissance française du XVIe siècle. Il pense comme Henri Estienne et Joachim du Bellay : « Le Français, dit-il (lett. déd. de Calliopesachea), pour la douceur, l'élégance et l'abondance, rivalise avec le latin et vaut presque le grec ». Nous avons vu la profonde admiration qu'il éprouvait pour Ronsard en Italie. Il ne manque jamais l'occasion de la témoigner. Quand le poëte vendômois meurt, il emprunte à Ennius un vers pompeux pour en célébrer l'immortalité : « Ronsard est mort, pense la Parque, mais selon Calliope, il vit toujours et son nom vole sur les lèvres des hommes savants (Silves XI, 8) ».

Nous avons déjà expliqué pourquoi

il écrivit d'abord en latin ; nous avons parlé de son public et du cercle de ses admirateurs. Ajoutons que son éducation et ses habitudes premières l'ont engagé dans une voie d'où il ne pouvait pas sortir. Le latin était devenu son style naturel. Le français qu'il parlait, il se fut bien gardé de l'écrire. C'était un langage corrompu, un patois moitié flamand. Il lisait sans doute les bons auteurs, mais il n'avait jamais pratiqué le bon style français, style d'ailleurs encore flottant au XVIe siècle, bien différent selon qu'il est écrit par un Montaigne ou par un Rabelais. Le latin au contraire, fixé depuis l'antiquité, rajeuni par la Renaissance, restait la langue classique, la langue universitaire, celle que Simon Ogier avait parlée pendant la plus grande partie de sa jeunesse, celle qu'il avait approfondie pendant ses dix années de professorat en Italie et dont les élégances lui étaient devenues faciles et familières. On ne change pas de langage à 35 ans et l'on n'apprend pas le français, quand on est un flamand du XVIe siècle et qu'on veut plaire à des Espagnols.

Cependant au milieu de l'année 1595 laissant à Aire sa femme sur le point d'accoucher, Simon part pour Douai. Il veut assister à la thèse et à la réception solennelle d'un jeune homme qu'il estime beaucoup, Thomas Merlin. Ces voyages sont fréquents à cette époque de sa vie. Douai semble son séjour favori. Il date ses préfaces : « De la florissante académie douaisienne [1] ». Il allait aussi à la campagne du baron de Cuincy, où l'accueillaient toujours gracieusement Antoine de Blondel et sa femme Madeleine de Berg, « dame d'une singulière bonté ». Le baron aimait les belles-lettres. Dans cette campagne voisine de Douai, il avait érigé solennellement, le 20 septembre 1593,

[1] L'auteur de la bibliographie douaisienne a cru pouvoir en conclure que Simon Ogier avait été professeur à l'Université de Douai. Il a confondu sans doute une académie aveé une université. Simon Ogier, bourgeois de Saint-Omer, passait quelque temps à Douai, mais revenait toujours à ses foyers paternels. En 1597 seulement à cause de la peste, il séjourna à Douai plus longtemps que d'ordinaire.

ce qu'il appelait le banc des Muses. C'est là que Simon Ogier venait s'asseoir avec d'autres poëtes ses amis, formant une sorte de cénacle. Là on dissertait; là on lisait des vers, là on applaudissait pour être applaudi. On aimait beaucoup dans le Nord ces sortes de réunions poétiques, remplacées aujourd'hui par des sociétés d'antiquaires. Dès le moyen âge, Valenciennes en 1225, Douai en 1330, Amiens en 1388, eurent ce qu'ils appelaient des Chambres de Rhétorique, des Puys ou Jeux sous l'Ormel. Le Banc des Muses de Cuincy était sans doute une académie bien modeste ; mais il est certain que notre poëte y trouvait les plus douces satisfactions d'amour-propre ; il s'y voyait apprécié et y coulait quelques jours paisibles tous les ans, malgré la guerre qui exerçait ses fureurs à peu de distance.

Cependant les ouvrages qu'il y compose en ce moment (Exhortations, en grec Parœneses) n'ont pas une grande valeur. Ce sont des sonnets religieux et moraux. Comme poésie, rien de plus plat. La recherche de la rime cause des faiblesses inouïes, ou un débordement insensé de mythologie grecque. Aü point de vue des mœurs, au contraire, il n'est rien de plus sage. On aime à entendre un mari s'écrier : « Il faut conserver la foi conjugale. Pour moi, jamais je ne tromperai mon épouse Marie et je lui serai fidèle, comme je l'ai promis sur les marches sacrées de l'Eglise (Parœneses 8).

Aussi les théologiens, représentants de l'Inquisition, établis censeurs des livres dans toutes les villes, approuvaient-ils des deux mains les ouvrages de Simon Ogier. Il fallait parfois une double approbation, à Douai et à Arras. D'Este approuvait à Douai, Guillaume Gazet à Arras. On peut remarquer que ce dernier est plus expansif que l'autre ; non-seulement il approuve, mais il applaudit et trouve ces œuvres « merveilleusement composées ».

Mais quels étaient les autres poëtes qui formaient avec Simon Ogier cette petite société et honoraient de leur présence le banc des Muses? Notre audomarois les énumère souvent et il leur a consacré une œuvre spéciale où il nous a donné sur tous son appréciation naturellement élogieuse. C'est Nicoleocrêné ou Colfontaine. « Colfontaine au Bois l'Evesque à une lieue et demie de Mons était les délices de feu Loys de Berlaymont (écrit en 1597) ». Cet endroit que je crois charmant fut-il aussi le centre d'une réunion littéraire? On pourrait le supposer. Ce qui est curieux, c'est l'énumération que fait Simon des oiseaux de cette fontaine. Le premier est le cygne pieux de la famille d'Esne. Et en marge on lit : « Michel d'Esne, Evesque de Tournay, poëte pieux et dévotieux et digne de la harpe davidenne ». Vient ensuite le rossignol. Ce rossignol, c'est Jean Carpentier « interprète du prophète Isaïe ». Le phénix n'est que le troisième. C'est Jean le Huvetier de la Ferrière « appelé communément Ferrarius, professeur de latin à Douay, philosophe, orateur, poëte rare et singulier ». Une femme a sa place dans cette volière, c'est Marie de Longueval, « dame vertueuse et méritant le nom de la dixième muse mieux que la pucelle Lesbienne ». Défilent ensuite Jean Sarrazin, le nouvel archevêque, « prince courtois et libéral et Mécénat de tout estude libéral » ; Moschus, le « pasteur d'Armentières, Théocrite chrétien » ; Antoine de Blondel « excellent en poésie » ; enfin Jamot, le « Pindare Béthunien ». Il loue encore d'autres poëtes belges dans d'autres endroits, mais ceux-ci sont la fleur du panier, les pieux, les purs. Loin d'eux les profanes, comme ce Trélon, « très-loin (lecteur, Simon Ogier a voulu faire ici un jeu de mots) de toute honnêteté, qui mesdit de la Sainte-Ligue et du Roy bouclier de la foi ». Aujourd'hui tout est oublié, et Trélon, et ces poëtes qui se traitaient de grands et se décernaient mutuellement de si furieux éloges. Simon Ogier fut un peu plus heureux [1] : une plaque

[1] Swertius dans son Athenæ Belgiæ qualifie Simon Ogier de poeta non infelix.

de marbre, une rue portent son nom ; ici-même, il est souvent répété. Mais qui lira ses œuvres après nous ?

SEPTIÈME CHAPITRE

(1595-1602)

Eeldora. — Albert d'Autriche. — Prise de Calais. — Nouveau genre d'ouvrages. — Epitaphes. — Sarrazin, archevêque de Cambrai. — Procédé de Simon Ogier. — Symmicton. — Retour de Douai. — Paix de Vervins. — Mariage d'Albert et d'Isabelle d'Autriche. — Plaintes du poëte. — Mauvais goût. — Eloges et Remercîments. — Etymologies et Devises. — Dédicace aux Mayeur et Echevins de Saint-Omer. — Franciscasmata. — Satires personnelles et politiques. — Désespoir final.

Cependant les Espagnols prenant l'offensive sous le commandement de don Pedro Henriquez de Gusman, comte de Fuentès, entraient au Chastelet le 26 juin 1595, à Dourlans le 31 juillet « y ayant été deffait l'amiral de France le 24 ». La ville de Cambrai ouvrait ses portes le 2 octobre et la citadelle capitulait le 9. Il s'agissait surtout dans cette expédition d'établir enfin Louis de Barlémont sur son siége archiépiscopal. Simon Ogier fait des vœux (Eeldora) pour le succès de l'expédition. Il souhaite aux pieux la victoire et à l'archevêque une belle réception à Cambrai. Comme les gueux d'Ostende et les Bataves multipliaient leurs incursions sur les derrières de l'armée espagnole, il les maudit et demande au ciel la destruction de ces « harpies ».

Quand l'ouvrage parut (mai 1596), les vœux étaient réalisés depuis longtemps, une campagne plus importante et plus heureuse encore pour l'Espagne était commencée par le cardinal Albert d'Autriche, nommé gouverneur en janvier 1596. « Le sérénissime cardinal, nous dit Ogier dans ses Eloges, prit par appoinctement la ville de Calais, 17 avril, et le château par assaut, le 24 ». Ardres fut occupé le 23 mai et Hulst le 18 août de la même année.

A la nouvelle de ces succès, notre poëte saisit sa plume. Il s'agit d'offrir à

Albert l'encens si bien accueilli en 1585 par Alexandre Farnèse. Il composa donc un ouvrage, appelé Calais, en vers hexamètres qui ne manquent pas d'élégance, mais qui ne dépasse pas cependant la force d'un bon élève de rhétorique :

Tu decus Austriaciæ gentis lumen que senatus
Purpurei, tu pacis honos, tu gloria belli.

« Tu es l'honneur de la maison d'Autriche, la lumière du Sénat vêtu de pourpre (les cardinaux), l'ornement de la paix, la gloire de la guerre ». Le tout est sur ce ton. Comment la pièce fut-elle accueillie ? Il paraît certain qu'elle plut au vainqueur ; mais il est probable aussi qu'il n'y attacha pas autant d'importance que l'aurait souhaité Simon Ogier et nous verrons notre poète, en 1599, obligé de revenir à la charge, s'adresser à des intermédiaires pour se faire recommander au prince.

C'est vers cette époque (1595-96) que Simon Ogier, sentant peut-être décroître en lui la verve poétique, s'avisa d'un genre d'ouvrages qui n'exigeait pas grand talent et offrait en même temps l'avantage de renfermer les louanges d'une foule de personnages. Je veux parler des livres d'Epitaphes, d'Eloges, de Devises, d'Etymologies, qu'il composa tous dans cette dernière période connue de son existence. Ils renferment une multitude de petites pièces d'où la poésie est généralement absente, mais pleines de noms et de détails historiques. Ces armes à tir rapide et continu lui donnèrent-elles tous les résultats qu'il en attendait ? J'en doute. Ce qui nous intéresse aujourd'hui, ce sont les faits et les personnes dont il parle.

Dans le premier livre des Epitaphes (le second a disparu ou n'a jamais été publié) il loue ses protecteurs en commençant par Nicolas Caétan, Alexandre Farnèse, Adrien de Croy, Gérard d'Haméricourt. Puis viennent Robert de Melun, Philippe d'Egmont, Emmanuel de Lalaing, Lamoral de Noircarmes. Il a toujours peur de ne pas louer assez ces grands noms. « J'en dirai davantage, ajoute-t-il, dans les Eloges des hommes illustres que j'ai travaillés avec le plus grand soin et que bientôt je ferai imprimer ».

Après les épitaphes des seigneurs et des abbés, après celles de Pierre de Grenet, « premier conseiller au conseil provincial d'Artois », père de Waast de Grenet; « d'Anthoine de Hanon, mayeur de Saint-Omer » ; de Valentin de Pardieu, seigneur de la Motte, mort devant Dourlens et enterré à Gravelines ; de Balthazar Telier, « prescheur mort de chagrin de voir la piété abattue par les hérétiques » ; d'Edme de Bourgoin et de Pierre de Weulf, « président du collége de Saint-Bertin », viennent celles de ses ancêtres et parents, Enguerrand, qu'il fait descendre d'Ogier le Danois ; Roland Haverloix, son père, sa mère, un de ses frères, Pierre, mort à 22 mois ; une de ses sœurs « la belle Marie » morte à 18 ans ; Liévin Ogier parent plus éloigné, mais élevé dans la maison et qui, resté garçon, ne la quitta jamais. Il avait plus d'une fois fait sauter sur ses genoux le poëte enfant et il était mort très-vieux, mais avec toutes ses dents et tous ses cheveux noirs. Puis c'est Jean Ogier, dont nous avons parlé ; Antoine d'Ausque ; Anselme Ciret « empereur des archers », parent du poëte par sa mère ; enfin Wallerand, parent éloigné aussi ; mais il était frère de vénérable et discrète personne Nicolas Labourel, doyen de Saint-Pierre d'Aire, et de plus il avait fait le voyage de Saint-Jacques de Compostelle. Simon Ogier ne pouvait pas l'oublier. C'est aussi dans cet ouvrage qu'il nous donne la liste de ses frères et de ses sœurs, les dates des naissances et des décès : véritable livre de raison, que notre curiosité cependant trouve encore trop court.

Cependant Simon Ogier avait perdu l'un de ses plus puissants protecteurs, Louis de Berlaymont. Il se promenait donc tristement sur les bords de la Scarpe et selon sa coutume lisait l'Iliade, lorsqu'il vit arriver à lui un char traîné par quatre cygnes. Sur ce char était la nymphe Bassarique, mère du poëte hyperboréen. Nous nous sommes livré à des recherches mythologiques pour savoir quelle était cette nymphe. Il paraît qu'il s'agit de Calliope, mère d'Orphée. Donc Calliope l'interpella en ces termes : « Pourquoi pleures-tu, fils des Ogiers ? Apprends que Sarrazin est nommé archevêque de Cambrai. Adresse lui des vers. Son élévation est le signal du retour de l'âge d'or dans le Cambrésis. Déjà revient la Piété ; ... déjà ... etc... »

Simon, docile, écrivit aussitôt son Cameracum (Cambrai), dont cette même vision est la matière. Nous avons déjà vu que les songes et les visions étaient pour notre poëte une machine littéraire qu'il employait assez volontiers avec ses nouveaux protecteurs. Dans sa lettre dédicace, il est beaucoup moins poétique. « Je suis triste, dit-il, j'ai perdu des frères, des parents, des amis dans ces temps de guerre et de peste. J'ai fait aussi de grandes pertes de biens et d'argent. Enfin je suis affligé de disputes et de controverses ».

Comment Sarrazin aurait-il pu refuser les vers du poëte ? Il avait auprès de lui Valérien Duflos, et Pierre Nisart était son secrétaire. Or Valérien Duflos était très-lié avec Simon Ogier. On le voit à cette époque faire le voyage d'Italie et notre poëte lui exprime avec la plus grande tendresse les terreurs que lui inspirent les Alpes. Une mère n'est pas plus inquiète, et cela rappelle la fable des deux pigeons. Pierre Nysart était aussi l'ami de Simon qui lui adressait des sonnets.

On peut voir par ce qui précède que Simon Ogier composait ses poésies au jour le jour, selon les circonstances. A propos de tous les événements publics ou privés, il prenait sa lyre, je veux dire sa plume. Don Hermantello Portocarrero s'empare d'Amiens par surprise le 11 de mars 1597 ; aussitôt Simon chante ce seigneur espagnol et le déclare supérieur à Agamemnon (Encomiorum I, 13). Le lendemain ou quelques jours après, notre poëte apprend que sa femme est enceinte, aussitôt la même Muse s'adresse à sainte Marguérite ou à la Vierge Marie, pour obtenir leur protection. Peu à peu les feuilles s'amoncelaient dans le tiroir. Alors Simon les classait ; les éloges allaient d'un côté, les prières ou les épitaphes de l'autre. Quand le nombre des unes ou des autres était assez considérable, il en formait un livre qu'il essayait de publier. Pour cela il fallait trouver quelqu'un qui en acceptât la dédicace. Simon composait donc une belle lettre, accompagnée de vers et d'éloges pompeux, et le tout était envoyé soit à Jean de Vernois, soit à Philippe de Lannoy, ou a quelque autre ami et protecteur des Muses, qui, sous forme de cadeau, payait les frais de la publication.

Mais tout le monde n'est pas généreux et Simon Ogier ne passait guère de jour sans composer quelque petite chose. Il en résultait que ses tiroirs n'étaient jamais vides. Il y avait aussi des petites pièces qu'il ne pouvait classer et qui se trouvaient pour ainsi dire hors cadre. Il les laissait ordinairement de côté, comme des débris ou des rognures. Mais en 1597 la généorosité de l'abbé de Ruisseauville [1] (Philippe de Lannoy) lui permit de tout publier.

Rien de plus disparate que ces Mélanges (Symmicton). A côté d'un éloge de son libéral bienfaiteur se trouvent des vers contre les dieux de l'Egypte, puis le conseil donné à Henri Estienne d'abjurer le protestantisme. On y lit la nouvelle de la mort de Henri III et après vient la description d'une belle tapisserie, suivie de pieux conseils à son fils Jacques, âgé de 4 ans. Il demande alors que les brasseurs de Saint-Omer soient pendus et termine par les louanges d'Alexandre-le-Grand et la critique de l'avarice de son siècle.

Il importe donc de bien distinguer dans ses œuvres la date de la compo-

[1] M. le baron Dard a publié récemment sur le Refuge de l'abbaye de Ruisseauville à Aire une notice savante et pleine d'intérêt dans sa lumineuse brièveté.

sition et celle de la publication. Tel morceau est resté manuscrit pendant neuf ou dix ans (Bruges) ; tel autre pendant vingt-cinq ans (Nicolaus) ; tel autre n'a jamais paru. C'est en 1588 et en 1597 qu'il a le plus publié. Mais il n'en faudrait pas conclure que dans l'intervalle il n'ait rien écrit [1]. Son travail au contraire dans cette période de sa vie fut assez régulier, et ses œuvres s'amassèrent lentement, mais progressivement et comme goutte à goutte.

Simon Ogier n'était pas en effet un de ces poëtes fougueux et inspirés,

[1] Je regrette que M. Courtois, si érudit, si recommandable à tous regards, soit tombé dans cette grave erreur. Dans son étude sur Simon Ogier il dit que ce poëte en 1588 « semble avoir suspendu sa lyre pour ne la reprendre que huit ou neuf ans après ». Et il explique le fait par le mariage de Simon Ogier. Cependant en 1590 il publiait Lutetia ; en 1592, quelques mois avant son mariage, ses Cantiques pieux et Peristera ; en 1594 et 1595, les Elégies chrétiennes en deux livres, Calliopesachea, Galatea, Trenodion. Voila ce qu'il publiait. De plus il composait dans ce même temps Ecldora, Elégies chrétiennes, 3e livre, Caletum, Parœneses, publiés en 1596, sans parler de Bruges, de Symmicton et autres ouvrages publiés plus tard, mais écrits à la même époque.

qu'une ardeur divine semble pendant quelques instants transporter pour ainsi dire hors d'eux-mêmes, et qui retombent ensuite épuisés et hors d'haleine, nuls après cet élan sublime. Non. Sa muse allait au pas, ou tout au plus au petit trot. Chaque jour apportait sa tâche. Rien ne l'en détournait. Dans les plus grandes fêtes, il en était de même et je ne suis pas bien sûr que le jour ou tout au moins le lendemain de ses noces, il n'ait pas rimé quelques vers latins.

Simon Ogier était encore à Douai en 1597. La peste y régnait fort en ce moment (Charisteria, 3). Notre poëte tremblait pour sa femme et ses enfants qu'il avait avec lui. Heureusement il en fut quitte pour la peur. L'hiver arriva et le 28 novembre, Marie d'Ausque lui donna un troisième fils qui fut nommé Antoine. Est-ce la poésie seule qui retenait Simon à Douai, si longtemps et le poussait ainsi hors de sa patrie ? On pourrait en douter quand il dit : « C'est pour éviter la guerre et la faim que je cours par toutes les mers ».

Ce qui est certain, c'est que ces voyages plus ou moins forcés, n'étaient pas toujours heureux. Quand, au commencement de février 1598, ils revinrent de Douai, avec cet enfant âgé de trois mois, un orage de grêle les atteignit le soir dans la plaine et le vent renversa leur voiture. Pour comble de malheur, ils furent « assaillys par les brigans sur la rivière de Clairmaretz ». Les brigands tiraient sur eux. Dans quelle terreur se trouvait la pauvre Marie d'Ausque, avec ses trois enfants, dont l'aîné n'avait pas cinq ans ! Déjà Simon Ogier saisissait une hache pour se défendre, tandis que Guillaume de Scoubroucq faisait force de rames. Enfin des gens de Clairmarais accoururent à leur secours et notre poëte fut sauvé encore une fois. (Charisteria, 5).

Il avait encore l'esprit tout rempli de ces images affreuses quand se répandit la nouvelle de la paix de Vervins (2 mai 1598). Quel plaisir d'être délivré enfin de ces soldats « de rache Caucasienne ou pour mieux dire Tartarienne » qui lui avaient fait courir personnellement de si grands dangers ! Aussi il chanta Vervins comme il avait chanté Calais : dans le premier ouvrage, il glorifiait le courage d'Albert, dans le second il célébra sa sagesse (lettre dédicace de Vervins). Dans sa joie, il fait tous les jeux de mots possibles et impossibles sur Vervinum (Ver : le printemps ; vi num : le vin ou verè-vinum, etc.) Il s'écrie avec conviction :

Aurea pax, hominum requies, superumque voluptas !

Paix précieuse (mot à mot paix d'or), repos des hommes et volupté des dieux ». C'est le cri de tous les poëtes dans la seconde partie du XVIe siècle. Ronsard aussi saluait la paix en 1550 et Antoine de Baïf lui adressait un hymne qui est un de ses meilleurs ouvrages.

Dans le même temps, Albert quittait l'Eglise et la robe de pourpre des cardinaux pour épouser la fille de Philippe II, Isabelle-Claire-Eugénie d'Autriche, qui lui apportait en dot la Franche-Comté et les Pays-Bas. C'était l'occasion de composer un Epithalame. Simon Ogier n'eut garde d'y manquer. Il peignit l'Aa transporté d'une joie profonde à la vue de cet hymen. Le mariage de Thétis avait suscité des guerres entre Vénus, Minerve et Junon ; celui d'Isabelle au contraire apporte la paix aux nations. Sur ce canevas il brode soixante-dix vers. Il est un peu moins majestueux, mais aussi mythologique dans un autre épithalame composé quelques mois auparavant (2 déc. 1597) en l'honneur de l'union de Mademoiselle Jeanne de Longueval avec François de Bauffremetz, et j'y lis cette note naïve, ajoutée en marge à propos du dieu Hyménée : « Hyménée, filz de la Muse Uranie et du bon père Cuissené (Bacchus) : c'est pour cela qu'on chante et qu'on boit volontiers aux nopces ». (Encom. II, 8).

Simon Ogier tenait beaucoup à la faveur des nouveaux maîtres des Pays-Bas. Il composa en leur honneur un long panégyrique (Albertus et Isabella), qu'il essaya de faire parvenir jusqu'à eux par l'entremise d'Ernest de Bavière. « Je ne demande pas, lui écrit-il à ce propos, que tu me paies ce travail ; car ma muse n'est pas vénale, comme le répètent sans cesse d'affreux et d'odieux calomniateurs. Recommande-moi seulement à Albert et à Isabelle, et si tu fais cela pour moi, je t'en serai aussi reconnaissant que si tu me donnais le Pactole lui-même ».

Ce ton est assez fier et nous l'aimons dans un poëte. C'est aussi avec plaisir que je l'entends protester, dans une dédicace à Jean de Vernois (Encom. I) contre le reproche de flatterie : « L'adulation n'a jamais trouvé place chez moi, dit-il ; ils le savent bien, ceux qui me connaissent à fond. Je ne cherche pas à plaire aux oreilles des hommes lorsque j'écris ; mais je suis l'esclave de la vérité, que doivent servir tous ceux qui ont l'esprit sain ». Malheureusement ces nobles protestations sont rares et démenties par les faits. Soudain ce ton baisse de plusieurs degrés. L'échine du pauvre poëte se courbe presque jusqu'à terre. Fier avec l'Electeur, il tend la main au prince : « J'étais naguère un Crésus, maintenant mon nom est Irus, car j'ai éprouvé la rage d'Enyalius (Mars) et les fureurs de Gradivus (encore Mars). Il ne faut pas blâmer celui qui pleure sa richesse perdue. Pour vivre il faut les ressources de l'épargne. Une nombreuse famille a besoin de beaucoup de choses. Mes chers petits enfants manquent de vêtements et de pain. Il faut à ma femme des tuniques uu peu propres, et à moi-même des pardessus. Les servantes aussi ont besoin de quelques vêtements et j'ai de la vaisselle à remplacer », sans parler du bois pour l'hiver, du toit à réparer, du médecin qui réclame ses honoraires. Simon Ogier n'oublie rien et voici la conclusion : « Voilà ce qui fait que je frappe de coups de poing furieux ma poitrine désolée et que d'un pouce irrité je m'arrache des mèches de cheveux blancs et qu'une source intarissable d'eau salée tombe de mes yeux ».

Le moyen de ne pas être attendri

par ce désespoir ! Aussurément cela dut toucher, sinon Albert, au moins Isabelle. Ils avaient fait leur entrée solennelle à Bruxelles le 5 septembre 1599. C'était l'heure des générosités. Ne tomba-t-il rien de cette pluie bienfaisante sur la maison de Simon Ogier ?

On peut voir aussi par ce qui précède qu'en Artois comme en Italie la pauvreté de notre poëte fut relative. Il exagère évidemment sa misère et son désespoir devant Albert et cela ne l'empêche pas de parler de servantes et de toilettes. Ailleurs (Charist. I) il remercie Dieu de n'avoir pas été trop pauvre, de même qu'en 1595 il rendait grâces à Jésus d'avoir chassé les araignées de sa bourse. Il avait un petit revenu (modicos census) ; mais il menait une vie sobre. Les frais d'imprimerie le mettaient quelquefois à la gêne ; mais d'une autre part, ses ouvrages lui attiraient des présents qui comblaient le déficit. Telles furent les vicissitudes de son budget. L'augmentation de sa famille le força sans doute à restreindre ses publications, peut-être même à les cesser tout à fait, quand en 1602, il eut son cinquième enfant. Mais on peut être certain qu'il n'est jamais tombé dans ce qui s'appelle la misère.

C'est dans cette pièce (Albertus et Isabella) que Simon Ogier atteint le comble du mauvais goût en croyant atteindre le comble de l'art et vaincre les plus grandes difficultés. Il y a surtout un certain passage, véritablement intraduisible, de vers rimant trois fois avec eux-mêmes. Comme harmonie poétique c'est une affreuse cacophonie. Comme pensée on en jugera par l'échantillon suivant : « On oubliera Albert, dit-il, quand les bois manqueront de foyers, le sable de phoques, la Placide de modulations, les autres de loups, l'air d'ailes d'oiseaux, l'Ardenne de Procustes (brigands), Charon de vaisseau, Chiron de mains, Lycaon de férocité, etc [1].

[1] Notre traduction est scrupuleusement exacte. Voici d'ailleurs le latin :

Ligna focis, psamathe phocis, modulamine Placis.
Antra lupis, aer pennis, Ardenna Procustis,

L'énumération se prolonge pendant quinze ou vingt vers. Viennent ensuite des phrases immenses, monstrueuses, avec une queue infinie de compléments indirects. La mythologie y est triple, allégorique, antique et hébraïque par dessus le marché. Enfin à bout d'éloges, il finit par ce trait délicat à l'adresse d'un prince : « Toi, tu tonds ton bétail (quand nous ferions un peu de cacophonie dans notre traduction, ce ne serait qu'une image bien imparfaite du texte), tu ne l'écorches pas ». Faut-il ajouter que Simon Ogier pousse l'aveuglement jusqu'à défendre dans une dissertation particulière ce système de consonnances désastreuses et qu'il intitule son travail de ce titre gracieux et sonore : Dori*ca ca*stra [1] ?

Il y avait encore une ombre de poésie dans les Eloges et les Remercîments,

Nave Charon, manibus chiron, feritate Lycaon,
Pectore Dulichius, pede Phthius, remige Chius,
Lacte Pales, plumis ales, testudine Fales, etc.

[1] C'est une fin de vers de Virgile, mais l'auteur latin n'y voyait pas malice.

malgré la décadence et le mauvais goût. Mais on chercherait vainement quelque inspiration dans les Etymologies et les Devises. Il dédie ses Etymologies aux Echevins de Saint-Omer et parle à ce propos de son père, leur argentier, de son frère Allard, le premier de leurs sergents à verge (nous l'avons en effet trouvé avec ce titre dans les registres de l'argentier, dès 1588) ; de lui-même enfin qui contribue de son mieux à la gloire de la cité. Ses ouvrages, lui ont dit les libraires, vont loin, et se vendent dans les marchés les plus éloignés. Faut-il le croire sur parole ? Je pense qu'il exagère. Quelques exemplaires d'Irêné et Arès ont peut être franchi le Rhin et pénétré jusqu'à Leipsick pendant la foire. Mais notre audomarois lui-même n'y croit qu'à moitié puisqu'il ajoute, « si quidem verum est, si toutefois cela est vrai ».

D'ailleurs son but en cette dédicace est évident : il veut que le magistrat de Saint-Omer se pique d'amour-propre à son égard et ne délaisse pas une muse que l'Europe entière admire [1]. Quant aux Etymologies elles-mêmes, plus d'une est fausse et ridicule. On a souvent cité celle qui dérive Saint-Martin-au-Laert de Laertius, parce que Ulysse, fils de Laerte, y aurait abordé revenant de Troie. Il dérive Pharamond de Fray-mont, belle-bouche, parce que ce premier de nos rois aurait été doué d'une éloquence remarquable. Hesdin

[1] Cet ouvrage a été publié en 1601. On peut se demander si le Magistrat en a accepté la dédicace et a fait à Simon Ogier quelque générosité. Or voici ce que, grâce à des recherches patientes et sagaces faites aux archives de la ville par M de Lauwereyns, notre savant collègue, nous trouvons aux comptes de l'argentier (année 1602) au titre de vins de présents extraordinaires : « A maitre Simon Ogier a esté donné la somme de quinze florins quinze patarts pour dix tonnes revenant à quinze lots que mess. du Magistrat ont fait présenter à Monseigneur le révérendissime évêque de Tournay étant en cette ville à la consécration.... » Simon Ogier fournit il réellement du vin dans cette occasion ? Nous en doutons. Car ce n'etait pas son habitude et son nom ne se trouve que cette fois là avec celui des fournisseurs ordinaires. Peut être (mais ce n'est qu'une hypothèse) est ce sous cette forme que l'argentier dut insérer dans ses comptes la générosité faite au poëte en considération de sa dédicace.

venant de Hay-dain est aussi assez plaisant. Je ne parle pas d'Helfaut, ainsi appelé parce qu'on disait autrefois en parlant de la mer ou de Thérouanne : là, elle s'arrête, Elle-faut ! Quant au nom d'Ogier, il vient indubitablement du verbe latin : augere, augmenter. Mais à quoi bon s'arrêter à des jeux ? Nos ancêtres s'en amusaient eux-mêmes et n'y attachaient pas d'importance.

Il n'y a qu'un livre d'Etymologies ; mais il a réuni deux livres de Devises. Voici comment il procède. Il cite d'abord la devise ; puis il en explique l'origine historique ou littéraire ; ensuite il en donne le sens ; enfin il en fait une application morale. Ces explications sont celles d'un maître à ses élèves, à des enfants. Est-ce pour le publier qu'il écrit ceci à propos de Virgile ? « Virgile est né à Mantoue, est mort à Brindes, est enterré à Naples. Il a écrit des Bucoliques, des Georgiques et l'Eneïde ». C'est ici le professeur qui parle. L'érudit ajoute quelques rapprochements et des citations, en vers le plus souvent.

Les premières devises sont grecques ; puis peu à peu s'y mêlent les devises latines, enfin arrive le français. On y trouve nombre de calembours. Ce n'était pas la faute de Simon Ogier si Valentin Tafin prenait pour devise : Pense à ta fin ; si celle d'Adrien Doresmieux était : D'ores mieulx ; celle de Laborlote, capitaine tué à Ostende, labor lotus ; enfin celle du notaire Daeus, la plus piquante peut-être de toutes : da eus, c'est-à-dire donne la pièce.

Un jour qu'il composait ses devises, c'était en 1600, son fils Jacques, alors âgé de 7 ans, lui demande ce qu'il faisait : « J'écris les devises des hommes célèbres », répondit le père. Alors l'enfant voulut avoir lui aussi sa petite devise. Simon n'était jamais à court. Il forgea aussitôt le mot grec Phoibos arès. L'enfant voulut avec raison en savoir le sens, et quand son docte père eut dit que ce nom en renfermait deux, celui d'Apollon (Phoibos) et celui de Mars (Arès). « J'accepte le premier, répondit-il, mais quant au second je le laisse à mon frère

François, plus ardent et plus belliqueux ». Marie d'Ausque aussi eut sa devise, celle d'une vraie femme de ménage : Apis apiscor (Je suis l'abeille qui amasse). Enfin Simon en composa pour sa mère défunte, pour son père, pour son parrain et ses aïeux. Le petit François eut aussi la sienne. C'était : Francq Chevalier. Les enfants dans leurs rondes chantaient alors, dernier débris de quelque chanson de geste :

> Qui est en celle tour, Ogier, Ogier,
> Qui est en celle tour francq chevalier ?

Simon Ogier aime à mettre ses enfants en scène. Dans ses Eloges (III, 12), il loue Jacques de sa science et de son goût pour la poésie latine. Jacques avait alors de 7 à 8 ans. Il fait plus pour François ; abdiquant en quelque sorte en faveur de son fils la paternité de ses vers, il publie un livre en son nom, Franciscasmata. Or François était né le 1er juillet 1595, il avait donc environ six ans en 1601, quand l'ouvrage fut composé, et sept quand il parut. Voilà un génie précoce, et il débutait de bonne heure dans la carrière paternelle. Si jeune et déjà auteur latin ! Ces vers d'ailleurs sont assez peu poétiques. Le livre lui-même est une sorte de mélange où l'on trouve des éloges et des satires, des pièces adressées à tout et à tous, à Saint-Omer, à Ronsard, à un bipède détestable qui avait dit du mal de saint François, à François Balinghem, à la France mère des grands rois, et enfin à un pharmacien. Il est vrai que ce pharmacien composait aussi des vers latins.

Etait-ce pour déconcerter ses ennemis qu'il mettait ainsi cet ouvrage sous le nom d'un enfant ? Mais personne ne s'y trompait. Ce qui est certain, c'est qu'en ce moment critique de sa vie, sa pensée était tout occupée des haines qui le harcelaient. On le voit écrire à ses partisans pour les rallier, pour les engager à prendre sa défense, pour les remercier d'avoir vaillamment soutenu sa cause. La lutte durait depuis longtemps d'ailleurs. Dès son retour d'Italie, derrière les amis qui le félicitaient, il avait entrevu des envieux et des ennemis. Il avait déjà composé quelques satires éparses dans la suite de ses œuvres. Mais il semble que vers la fin de sa carrière le combat devint plus âpre. Simon sentait bien sa verve poétique décroître ; il devenait chaque jour plus amer et plus irrité. Cette bile, ce fiel s'amassa peu à peu ; enfin le poëte publia comme dernier ouvrage une collection de satires (Momi). Contre qui sont-elles dirigées ? Quel est le riche de Saint-Omer « qui dissimule sa graisse pour ne pas donner au poëte la récompense qui lui appartient ? » Quel est ce Colinet qui vexe la troupe d'Orphée et qu'il traite d'adultère honteux ? Quel est ce Bibiloüs (biberon) qui déchire l'Hélicon ? Nous l'ignorons ; mais les contemporains, derrière les noms supposés, savaient retrouver des noms véritables.

A côté des satires où il satisfait des rancunes personnelles, se trouvent les satires politiques. Il parle beaucoup d'un roi sacrilége, exposé aux coups des Scévola. « O scélérat, ô honte de l'humanité, ô roitelet et non roi, tu es un Othon pour la mollesse, et pour la cruauté, tu dépasses Néron ». Ailleurs il l'accuse de ne rendre d'hommages qu'à Vénus et il lui reproche sans cesse la débauche. Mais ce roi maudit a été déçu dans son espérance. Le tigre a brisé ses rets et lui a infligé une défaite. Qu'il ne s'avance pas de nouveau, car il trouverait devant lui d'invincibles adversaires. A la fin, il lui souhaite une mort ignominieuse qui rendra la paix à la terre, et s'écrie à peu près, comme Assuérus dans Esther à propos d'Aman :

Et que devant sa porte....
Apaisant par sa mort et la terre et les cieux
De mes peuples vengés il repaisse les yeux ! [1]

Quel est ce roi, sinon Henri IV ? C'est ainsi qu'on en parlait sur la frontière des Pays-Bas.

Telle est la dernière poésie qui nous

[1] Morte tua recreans cœlum terramque fretumque.

soit restée de Simon Ogier. C'est ainsi que pour nous il finit sa carrière. Est-ce de désespoir et d'impuissance qu'il brisa plume ? On serait tenté de le croire, en lisant ce qu'il écrivait vers le même temps (1601-1602).

« J'arrêterai ici ma main et ma plume. Car je suis tourmenté par les plus indoctes et les plus injustes des hommes.... O siècle insipide et absurde ! O mœurs plus que Scythiques ! Peut-on ainsi torturer les Muses ! O Apollon Musagète, où es-tu avec ta massue pour écraser ces monstres ? Puisse-t-il un jour de nos cendres poétiques renaître un vengeur ! Ah ! pourquoi la sueur découle-t-elle si souvent de mon front ? Pourquoi me fatiguer à me traîner sur les sommets escarpés de Cyrrha au milieu des glaces de l'hiver ? Est-ce pour que la muse de Simon soit la risée de l'univers ? Hélas ! pourquoi ai-je appris ? pourquoi mes parents m'ont-ils fait instruire ? Pourquoi mon pied a-t-il touché le seuil de la cour des

Muses ? et pourquoi la sagesse des poëtes antiques a-t-elle attiré mes regards dès mon jeune âge ? C'est en vain que j'ai feuilleté ces œuvres, monuments des anciens hommes. La Fatalité, ennemie des amis d'Apollon, me persécute et je vois qu'on méprise les couronnes de l'Hélicon. Mais voilà assez de plaintes ».

Telle fut la carrière poétique de Simon Ogier. Elle se termina avant sa vie et voilà sans doute pourquoi l'on ignore jusqu'ici la date, la cause et le lieu de sa mort. Une fois le flambeau de la Muse éteint, cette existence se trouva comme tant d'autres, noyée dans les ténèbres. Il est probable que Simon Ogier finit ses jours à Saint-Omer, au milieu de sa nombreuse famille, oublié et presque inconnu. Il est possible aussi qu'il ait été victime d'un accident. Ses voyages, comme nous l'avons vu, l'exposaient à de fréquents dangers. Quant à ses enfants, peut-être entrèrent-ils en religion et cette famille, comme tant d'autres, put disparaître au fond des couvents. Elle n'a guère laissé de traces [1].

[1] Il importe de ne pas confondre la famille de Simon Ogier avec celles des Defosse-Ogier, des Jehan Ogier, des Michiels Ogier, des Ogier-Werbier et des Ogier-Ogier. Il reste quelques traces de ces dernières. Un Defosse-Ogier fut procureur-général au bailliage en 1686. Un Michiels Ogier fut conseiller au bailliage de Saint-Bertin de 1608 à 1629. (Note due à M. Deschamps de Pas).

CONCLUSION

Influences subies. — Le catholique. — Le partisan de l'Espagne. — Le savant. — Le poëte. — L'écrivain. — Pourquoi on ne le lit pas.

Il nous est possible maintenant de porter sur Simon Ogier un jugement définitif et de tirer de ce qui précède des conclusions précises sur son esprit et sur son style.

Les idées sont rarement originales. Il a d'autres passions que celles de la vérité et de l'invention. Le milieu où il vit et se développe exerce sur lui une influence dominante et il suit les yeux baissés le chemin où il s'est trouvé au premier jour de son existence. Il est catholiqne, et, malgré la propagande protestante, jamais le moindre doute n'effleure son esprit. Il ne se pose même pas de question : il a la foi du charbonnier. Il veut la faire partager à tous et surtout à sa famille et dit à ses enfants : « Mes enfans qu'il vous souvienne tousiours de suyvre l'Église romaine ». Persuadé que les protestants sont nécessairement des débauchés, il les accable d'insultes, sans se soucier si ce qu'il dit est vrai ou faux et si les crimes dont on accuse Luther ne sont pas des calomnies. Il fait au contraire l'éloge le plus pompeux d'Ignace de Loyola, et il est Jésuite de cœur, sinon de fait.

Il est aussi du parti espagnol et plaide en faveur de la souveraineté absolue de Philippe II. Il sait cependant que la race artésienne est française : « Pourquoi, s'écrie dans ses vers la nymphe de l'Artois, pourquoi nous attaquez-vous, fils de Gomer, avec un fer sanglant ? Je suis de votre sang, je suis la vierge, fille de Robert, et ma robe est couverte de fleurs de lis ». Mais en ce moment Biron désolait la province.

Quand les Français reculent, Simon les insulte et triomphe de la paix de Cambrai, et de celle de Calais.

Est-il plus original en littérature ? Son vrai mérite, là encore, n'est pas l'invention. C'est la science. Il possède bien les deux langues classiques. Il lit Homère ; il est fort en grec, au point de faire, s'il le voulait, des vers grecs. C'était quelque chose cela, au seizième siècle. Il connaît mieux encore le latin et toutes les élégances, toutes les expressions classiques lui sont familières. Il sait aussi sa mythologie : ce sont les poëtes et surtout Properce, Tibulle et Catulle qui la lui ont apprise. N'oublions pas non plus qu'il était docteur en droit ; et qu'il possédait son ancien et son nouveau Testament assez pour l'enseigner au besoin. La somme de ses connaissances était donc considérable pour l'époque et cela lui donnait une certaine autorité.

Mais la poésie exige quelque chose de plus. Quand on met enseigne de poëte, il faut avoir l'imagination créatrice. Il faut trouver quelque chose de nouveau, d'inédit, auquel on donne vie, qu'on exprime par la parole et qu'on lance dans le monde. Simon Ogier n'eut rien de particulier sous ce rapport, et son imagination était celle de tout jeune homme intelligent, élevé dans le culte des belles-lettres. Elle se colora, pendant quelques années, des feux de la jeunesse. Mais qui n'est pas poëte à vingt ans ? Il le fut un peu plus longtemps que les autres. Cette flamme cependant, assez faible d'ailleurs, n'attendit pas pour s'éteindre les glaces de la veillesse, et son génie fut comme sa tête, qui blanchit avant quarante ans.

Quant à son style, il est clair et facile, mais prolixe et monotone. Simon Ogier s'y montre aussi peu artiste que possible. Il gâte son latin en le mélangeant de grec, comme il gâte ses vers hexamètres en les associant à des vers alexadrins. Plaute se moquait déjà des élégants de Rome qui grécisaient ainsi. Ogier tombe dans ce défaut au point de transformer le plus pur latin en un véritable jargon. Ce n'est pas assez pour lui d'emprunter, pour parler du christianisme, le langage païen, d'appeler la Vierge une Déesse, les anges, des Génies, et les saints « le troupeau céleste qui s'arrose le gosier de Nectar » (Eloges III, 12), faute de style qui lui est commune avec Sannazar et Vida et tous les poëtes latins de la Renaissance. Il va plus loin. Il crée un Olympe nouveau qu'il peuple d'abstractions grecques et d'allégories, imitées du roman de la Rose. C'est Kacotis, Kakia, Lôbé, Atimia, Harpagé, Hyperiphania, Pênia, Amnèstia, Phylopis, Echidna Lemanesia. Tout nom commun, s'il est abstrait, devient une divinité, à la condition d'être grec. On lui met une grande lettre, et le voilà bombardé Dieu. Simon Ogier s'imaginait faire de la poésie ainsi.

Ce sont ces défauts, cette absence d'originalité surtout, qui empêchent de le lire. S'il était grand poëte, on l'étudierait, même en latin. Mais ce qui fait que tous ces auteurs de la Renaissance sont si peu lus et si peu appréciés, en général, même ceux dont les noms sont souvent cités, c'est surtout qu'ils manquent d'originalité et de génie. Peut-être aussi, s'ils eussent eu des idées neuves à exprimer, auraient-ils senti le besoin de choisir un langage nouveau ; peut-être, comme Pétrarque et le Dante, auraient-ils secoué le joug du latinisme. Ils ne l'ont pas fait ; ils se sont eux-mêmes ensevelis dans cette langue morte comme dans un linceul. Nous leur avons rendu les derniers devoirs : Que la terre leur soit légère !

TABLE DES MATIÈRES

PAGES.

PAGES.